경제교과서
살리기

경제교과서 살리기

경제교육과 경제교과서, 무엇이 진짜 문제인가

한국사회경제학회_장상환, 정성진, 홍훈, 안현효, 류동민, 최종민 지음

필맥

20세기 후반 이후 몰아치고 있는 세계화와 신자유주의는 예상했던 바와 같이 훨씬 더 거칠게 한반도를 공격하고 있다. 특히 IMF 경제위기 이후 이런 상황은 거의 피할 수 없는 대세처럼 간주되기까지 한다. 그 중에서도 시장경제에 대한 노골적인 찬양과 전도는 이제 일상생활 속으로 깊숙이 파고들고 있다. 이와 같은 상황의 최근 국면은 바로 중고등학교 경제교과서의 내용 개정이다. 우파 진영에서는 현행 교과서가 시장과 기업에 적대적인 내용으로 구성됐으며 여기서 국민의 반시장이나 반기업 정서가 생겨난다고 단정하면서, 이에 대한 개정을 추진해 나가고 있다.

그러나 우파 진영의 이런 진단은 전혀 사실에 근거해 있지 않다. 우리의 기존 경제 및 사회 교과서들은 영미식 자본주의와 민주주의의 논리를 거의 그대로 반영해 왔다. 보다 좁혀서 경제교과서는 개인의 합리성과 시장의 가격기구를 신뢰하는 자본주의 경제학을 기본 골격으로 삼고 있다. 다만 경제활동에 있어 윤리나 도덕을 간간이 강조하고 있는데, 이는 좌경화라기보다 공동체적인 요소들로 간주해야 한다.

사실 우리의 경제교육은 오히려 우파진영에서 주장하는 것과 반대방향에서 여러 가지 문제들을 안고 있다. 중등학교의 경제교육이나 대학의 경제학 연구의 내용이 반시장적이라기보다 과도하게 시장으로 편향되어 있어 문제다. 더구나 경제학 연구는 외국학계에 과도하게 의존적이어서 학문적 재생산 능력을 갖고 있지 못하며 현실과도 유리되어 있다. 이로 인해 우리의 경제학계는 중등학교의 경제교육에 충실한 내용을 제공하지 못하고 있다. 대체로 우파 경제학자들은 이런 문제에 대해서도 둔감하다. 또한 경제교육을 포함해 우리의 교육 전반은 입시경쟁으로 황폐화되어 회복의 기미를 보이지 않고 있다. 아마도 우파 경제학자들은 경쟁이라는 이름으로 우리의 입시경쟁을 옹호할 것이다. 이같이 최악의 상황에 몰려 앙상하게 뼈만 남은 중환자가 된 우리의 교육 일반과 경제교육에 대해 우파 경제학자들은 자신들의 구미에 맞게 손질을 하겠다고 말한다. 딱한 일이다.

이런 우파의 대책 없는 선전공세에 대항하여 경제교육과 경제학 연구의 방향을 제대로 잡고자 한국사회경제학회에서 몇 사람이 모여 발표하고 책으로 낼 생각을 가지게 되었다. 현행 경제교과서의 내용을 전달하고, 우파 진영의 허구성을 지적하며, 나아가 대안적인 교과서를 모색하려는 의도를 이 책은 담고 있다. 담겨진 글들의 내용을 요약하면 아래와 같다.

먼저 장상환, 정성진은 최근 우파의 교과서 공세에 대해 본격적인 반격을 가하고 있는데, 그 요지는 다음과 같다.

최근 중고등학교 경제교과서에 대한 우파들의 공세가 거세지고 있다. 일부 부르주아 경제학자들과 상공회의소, 전경련 등은 현행 중고등학교 경제교과서가 반시장, 좌편향으로 왜곡되어 있어 정정해야 한다고 주장한다. 최근에는 교육부까지 여기에 가세하고 있다. 교과서를 비판하는 사람들은 오늘의 우리 경제가 노동자, 농민의 희생 위에 이룩되었다는 사실을 부정한다. 그리고 빈부격차 등의 문세는 시장경제에서 필연적으로 발생하는 문제로 서술했다는 것을 근거로 교과서가 반시장적이라고 비판한다. 또한 기업의 존재의의는 이윤확보에 있는데도 경제교과서가 기업의 사회적 책임을 과도하게 강조하고 있어서 반기업적이라고 비판한다. 이러한 기업에 대한 반감은 기업가의 창의적인 활동을 저해할 뿐 아니라 노동쟁의 등 비생산적인 노사 갈등 구조를 야기한다고 비판한다.

그러나 중고등학교 경제교과서에 대한 우파들의 비판은 허구적이다. 시장실패는 미국의 표준 경제교육에서도 중요하게 다루고 있는 개념이고, 기업의 사회적 책임론(CSR)은 1999년 시애틀 시위 이후 반자본주의, 반세계화 운동이 전 세계적 규모로 격화되자 지배계급이 체제수호 차원에서 구사하고 있는 전술로서 반시장적이기는커녕 탁월하게 친시장적이다. 또 현재 경제교과서는 실제로 지나치게 기업에 편향적이고 노동자의 인권을 경시하는 등 신자유주의 이데올로기의 역할을 하고 있을 뿐이다.

기존의 교육과정과 단절하고 새로운 교육과정이 수립되어야 하고 이에 근거하여 경제교과서를 완전히 새로 써야 한다. 이는 교육 관련 이해당사자들, 경제 관련 고등교육기관, 교사, 학생, 학부모들의 민주적인 참여를 통해 이루어져야 한다.

이어 홍훈은 한국의 중고등학교 경제교과서에서 사회주의가 아니라 넓은 의미의 도덕을 찾아내고 있는데 그 요지는 다음과 같다.

우선 한국의 경제교육이 좌경화되어 있다는 우파 경제학자들의 주장은 과장되고 왜곡된 것이다. 현행 교과서는 기본적으로 시장경제를 지향하고 있다. 또한 이런 왜곡된 주장에 편승해 교과서의 내용을 시장경제에 대한 절대적인 충성으로 개편하려는 교육부와 대기업의 노력도 학문이나 교육의 다양성이나 중립성에 비추어 볼 때 부당하다.

한국의 우파 경제학자들이 하는 주장은 경제교과서에 등장하는 윤리나 도덕에 대한 언급에 근거하고 있다. 그러나 윤리나 도덕의 등장은 보편성이나 특수성에 비추어 볼 때 좌경화가 아닌 다른 방식으로 해명된다. 먼저 한국경제는 그 특수성인 고도 압축성장으로 인해 서양에서처럼 경제와 윤리의 관계를 재구성할 만한 여유가 없었다. 더불어 중등교육이 대학의 교육보다 경제주체들의 의무와 권리에 중점을 둔다. 더구나 경제성장 과정에서 드러난 재벌의 행태에 대한 비판적 태도가 영향을 미쳤을 것이다. 학문 내적인 요인으로는 경제학이 다른 사회과학과 달리 인간의 이기심을 고집하면서 정치학이나 사회학 등과 갈등하고 있으므로 이기적인 인간상에 대한 반발이 돌출했다고 볼 수 있다. 또한 수입된 서양이론을 제대로 소화하지 못해 복잡한 현실의 경제문제를 설명하거나 해결하지 못하는 상황에서 이에 대한 손쉬운 방책으로 경제주체들의 윤리나 도덕이 활용되었으리라고 추정할 수 있다. 끝으로 윤리나 도덕이라는 미명 아래 한국의 사회와 교육에 지속적으로 건전한 욕망이 억압되었을 가능성도 있다.

경제교육을 개혁하기 위해서는 다양한 이념을 반영하는 여러 교과서들의 공존을 허용하고, 사회과학 사이의 차이를 해소할 필요가 있다. 또한 입시 위주의 교육체제를 타파해 지적인 호기심을 회복시켜야만 교육 전반과 경제교육이 살아날 수 있다. 끝으로 한국의 경제학과 사회과학을 종합적으로 진단해 학문연구의 방향을 현실 위주로 재조정하고, 이런 연구 결과가 중등교육과 대학교육에 반영되도록 해야 한다.

안현효는 중등과정 경제교과서 교과과정에 대해 사회교육이라는 관점에서 논의했는데 그 내용은 아래와 같다.

최근 신우파에 의해 국내에서 진행된 중고교 경제교과서에 대한 논쟁과 미국의 경제교육 교과과정에 대한 논쟁을 비교검토해 보면 국내의 우파 경제학자들이 제기하는 비판, 즉 우리나라의 중등학교 경제교과서가 지나치게 윤리적 요소를 많이 포함하고 있고 반자본주의적 내용을 담고 있다는 주장은 경제교육의 교육목표와 교과과정에 대한 충분한 숙고 없이 대학의 경제원론을 교육내용으로 삼아야 한다는 부당한 전제를 깔고 있다. 하지만 중등교육에서 경제교육의 교육목표와 교과과정은 단순히 경제원론의 교육이라는 차원으로 환원될 수 없으며, 이 문제를 검토하기 위해서는 다음의 세 가지 쟁점, 즉 ① 사회과교육론, ② 학문분과와 과목교과의 관계 ③ 경제학의 내용을 살펴볼 필요가 있다.

사회과교육론의 관점에서 경제교육은 사회과교육의 교육목표에 관한 논쟁에 종속된다. 그 논점은 시민성 전달모형, 사회과학 모형,

반성적 사고모형으로 요약할 수 있다. 또한 경제학이라는 학문분과와 중등학교 경제라는 과목교과의 관계를 어떻게 정립해야 할 것인가의 학문분과와 교과의 관계라는 문제가 있고, 마지막으로는 어떤 경제학을 가르칠 것인가의 문제가 있다. 본 연구는 이 세 가지 쟁점을 하나씩 살펴봄으로써 국내의 경제교육이 단순히 대학에서 강의되는 경제원론의 내용을 답습할 것이 아니라 학생들의 비판적(반성적 또는 성찰적) 사고를 계발하는 방향으로 재설계돼야 한다고 주장한다. 이를 위해서는 교육내용의 다양성을 인정하고 시민성을 강조하며 보다 현실적인 주제를 많이 다루어야 한다.

류동민은 우파 경제학자들의 기존 교과서에 대한 평가를 비판적으로 검토했으며, 그 내용은 다음과 같다.

김종석 외(2005)는《고등학교 경제교과서 내용검토》(KDI 경제정보센터)에서 선택과목인 고등학교 경제교과서 5종의 내용을 검토하여, 구체적으로 오류를 범한 세부내용을 제시하고 그에 대해 코멘트하고 있다. 이 글은 김종석 외(2005)에서 지적한 사례들을 하나하나 검토함으로써 그들의 비판이 타당한 것인가를 확인하고자 한다. 결론적으로 김종석 외(2005)의 비판의 대부분은 사소한 부분을 확대한 억지비판이거나 자신들의 비판과는 정반대되는 의미에서 시장낙관론에 입각한 편향된 이데올로기적 해석이다. 실제로 현재의 교과서는 대부분 주류경제학의 경제원론 체계에서 크게 벗어나지 않고 있기 때문에 "좌파적 시각" 운운하는 비판들은 대부분 별다른 근거가 없거나 조그만 서술을 침소봉대한 이데올로기 공세인 경우가 대부분이라고 판단된다. 오히려 현행 경제교과서는 경제문제를 보는 관점이 보는 이의 물질적 이해관계에 따라 달라질 수 있다는 점, 사회과학으로서의 경제학 그 자체가 물질적 이해관계의 반영이라는 점을 강조할 필요가 있다는 점은 전혀 고려하지 못하고 있다.

최종민은 전국경제인연합회(전경련)가 편찬한 중학교 경제교과서의 기본 시각이 안고 있는 문제점을 지적했는데, 그 내용은 다음과 같다.

전경련은 최근에 미국 경제교육협의회의 중학교 경제교과서와 경제교육 지침서를 우리나라 실정에 맞도록 번역, 수정하여 중학교 경제교과서와 교사용 지도서를 출간했다. '반기업적, 반시장적'인 분위기를 반전시키면서 8차 경제교과서 개정안을 '친기업적, 친시장적'인 방향과 내용으로 재편, 강화하기 위한 '절묘한' 포석의 하나로 경제교과서를 출간한 것이다. 중학교 3학년 사회교과서의 경제 관련 내용이 국민공통기본교육과정이라는 큰 틀 속에서 두 단원으로 한정되어 있는 것과는 달리, 전경련의 경제교과서는 여섯 가지 역할을 중심으로 하나의 완성된 체계를 갖추고 있다. 그리고 중학교 3학년 사회교과서 경제 관련 내용이 지식과 개념 위주로 구성되어 있어 교재의 성격을 가지고 있는 것과는 달리, 전경련의 경제교과서는 역할놀이와 시뮬레이션 위주로 구성되어 있어 학습자료의 성격을 가지고 있다. 그럼에도 불구하고 전경련의 경제교과서는 기본적으로 기업 및 시장 제일주의적, 신자유주의적, 친미 개방주의적인 내용과 시각으로 구성되어 있다는 문제점을 가지고 있다. 또한 현실적으로 우리나라 교육여건상 일선 교육현장에서 활용될 가능성이 매우 낮다는 문제점을 가지고 있다. 따라서 이러한 문제점이 보정되어야만 전경련의 경제교과서는 교과서로서의 생명력을 유지할 수 있을 것으로 판단된다.

　아무쪼록 이 글들이 경제교육과 중등교육 전반을 정상화하는 데
조금이라도 보탬이 되기를 기원한다.

홍훈

바쁜 필자들을 대신해

2006년 12월

차례

최근 경제교과서 비판에 대한 검토

장상환(경상대학교 경제학과), **정성진**(경상대학교 경제학과)

머리말

최근 들어 중고등학교 경제교과서에 대한 우파들의 공세가 본격화되고 있다. 미국 경제학박사를 중심으로 한 일부 부르주아 경제학자들과 상공회의소, 전경련 등은 현행 중고등학교 경제교과서가 반시장, 좌편향으로 왜곡되어 있어 정정해야 한다고 주장한다. 최근에는 교육부까지 여기에 가세하고 있다. 재계의 경제교과서 수정 요구를 광범하게 수용하고 있는 것이다.

1997년 외환위기 이후 한국경제의 자본주의적 모순이 심회되어 가고 있다. 이러한 상황 속에서 많은 학생들이 사회에 진출하여 시민과 노동자로서 적절한 역할을 수행하면서 동시에 자신의 권리를 지켜나가기 위해서는 제대로 된 경제교육과 노동인권교육을 받는 것이 매우 중요하다. 그런데 우파들의 공세로 말미암아 지나치게 시장편향적, 친기업적인 경제교육을 받게 된다면 정말 문제다.

이 글은 중고등학교 경제교과서에 대한 우파들의 비판이 허구적이고, 현행 교과서가 실은 지나치게 기업 편향적임을 밝히는 것을 목적으로 한다.[1] 1장에서 우파 진영에 의한 경제교과서 비판의 경과와 배경을 살펴본 후 2장에서 반시장적이고 반기업적이라는 우파들의 교과서 비판 내용을 정리한다. 그리고 3장에서 우파의 교과서 비판을 검토하여 그 허구성을 확인하려고 한다. 4장에서는 현행 경제교과서를 분석해볼 때 신자유주의 이데올로기의 역할을 할 뿐임을 밝히고, 5장에서 대안적 경제교과서 집필의 방향에 대해 간략히 언급한다.

현행 경제교과서가 반시장적 편향을 갖는다는 주장은 근거가 있는가? 아무런 근거가 없다는 것이 필자들의 생각이다. 6차 교육과정에 기초한 국정의 경제교과서는 한마디로 주류 경제학[2]의 대학교재 《경제학 원론》의 요약본이었다. 그런데 그로부터 10년이 지난 요즘 7차 교육과정에 기초한 검인정 교과서를 두고 좌편향, 반시장 편향 문제가 제기되고 있다. 그래서 중고교 경제 관련 교과서들을 입수해서 검토해본 결과, 필자들은 7차 교육과정에 근거한 현행 경제교과서는 이전 6차 교육과정에 기초한 국정 교과서와 마찬가지로, 아니 그보다 더 시장 편향적임을 확인했다.

우파의
경제교과서 비판의
경과와 배경 01

경제교과서에 대한 우파의 공격은 1997년경부터 자유기업원에서 시작됐다. 자유기업원은 1997년 '올바른 경제교육을!' 이라는 주제로 교육부 및 교육개발원 담당자, 사회교육학자 및 경제학자들을 모아서 경제교육 문제를 논의했다. 주제발표를 한 김영용(1997)은 6차 교육과정 경제교육의 문제점으로 "어렵고, 모호하거나 잘못 기술되어 있는 부분이 있다"는 비판과 함께 "시장실패를 지나치게 강조하여 정부개입이 불가피하며 시장경제가 커다란 결함을 내포하고 있다는 이미지를 주고, 복지국가에 대한 열망이 강하게 표출되어 있다"고 비판했다.

경제교과서에 대한 우파의 비판은 2003년 이후에 본격화된다. 대한상공회의소는 2003년 8월 8일 '우리나라 반기업 정서의 현황과 과제' 라는 보고서를 통해 한국의 반기업 정서가 세계에서 가장 높다고 주장했다. 다국적 종합컨설팅 회사인 액센추어가 세계 22개국 기업

최고경영자(CEO)를 대상으로 실시한 조사결과(2001년)에 따르면, 반기업 정서가 강한 나라로 한국이 1위, 영국이 2위로 나타났다는 것이다. 한국 CEO의 70%가 국민들이 기업가에 대한 부정적인 이미지가 있다고 응답했다고 한다. 이 비율은 영국도 68%로 높은 반면 일본은 45% 수준이고 싱가포르, 미국 등 기업하기 좋은 나라로 평가되는 국가들은 20%대로 낮게 나타났다는 것이다. 그리고 〈중앙일보〉와 공동으로 갤럽에 의뢰해 전국 성인 2500명을 대상으로 '경제/기업 국민의식' 조사를 실시한 결과 절반 이상(60%)이 기업에 대한 부정적 시각을 가지고 있는 것으로 드러났고, 특히 기업인에 대해서는 67%가 부정적 시각을 보였다고 했다(대한상공회의소, 2003).

상공회의소는 이러한 세계최고 수준인 한국의 반기업 정서는 경제 관련 교과서의 영향이 크다고 분석했다.[3] 상공회의소는 이 같은 반기업 정서로는 국민소득 2만 달러 달성이 힘들다며, 경제교과서의 내용을 수정하는 등 민관 공동의 '반기업 퇴치 프로그램'을 추진하자고 주장했다. 기업의 1차적 목표는 이윤 극대화와 일자리 창출, 세금 납부를 통한 경제성장이니 부(富)의 사회환원이나 빈부격차 해소는 부차적 목표로 인식하도록 교과서를 고치고 기업의 역할과 중요성 등을 알리는 '반기업 퇴치 프로그램'을 마련하자는 것이었다. 이에 따라 대한상공회의소 경제교육 태스크포스 팀은 교육인적자원부에 '경제교과서 개선을 위한 종합건의'(2003.10)라는 보고서를 제출했다. 대한상공회의소는 중고교의 사회와 경제 교과서 26권을 분석해 62곳의 내용을 개선할 필요가 있다고 건의했다. 그 결과 대기업 및 재벌정책, 기업의 사회적 책임 분야 등에서 42곳이 수정돼 2004년 신학기 중고교 사회 및 경제 교과서부터 반영됐다.

전경련은 부설 한국경제연구원을 통해 '중고교 경제교과서에 대한 내용검토 및 개편방향'을 여러 차례에 걸쳐 보고서 형태로 내놓았다. 현행 경제교과서가 기업의 책임과 윤리를 지나치게 강조하고, 기업과 기업가를 '공적' 존재로 부각시키고, 정부의 역할을 미화하거나 과대평가하며, 반기업/반시장 정서를 확산시키고 있다는 것이다. 전경련은 2006년 3월 중학교 경제 참고교재《즐겁게 배우는 체험경제》를 독자적으로 펴냈다.

2005년에는 뉴라이트들의 경제교과서 공격도 개시됐다. '중고등학교 경제 관련 교과서, 이대로 좋은가'라는 주제로 열린 교과서포럼 제2차 심포지엄(2005. 4. 29)에서 〈중고등학교 교과서에 나타난 경제이론 교육의 문제점〉(김승욱), 〈중고등학교 사회과 교과서에 그려진 한국경제의 모습〉(이영훈) 등 두 편의 논문이 발표됐다. 현행 교과서가 이념적으로 편향돼 있고, 청소년에게 시장경제에 대한 부정적 인식을 갖게 해 반기업, 반시장 정서를 확산시키고 있다는 게 이들의 주장이다. 교과서포럼은 심포지엄 발표 논문과 그에 대한 비판논평 등을 모아 2006년 1월《경제교과서 무엇이 문제인가?》를 펴냈다.

바른사회를 위한 시민회의와 시장경제제도연구소는 2005년 6월 전국의 경제경영 교수들 160명을 대상으로 현행 중고교 경제교과서의 기술에 대한 설문조사 결과를 발표했다. 응답자의 78%가 현행 중고교 경제교과서가 소유경영보다 전문경영이 절대선인 것으로, 오해의 여지를 줄 수 있게 서술되어 있다고 지적했다는 것이다.

2005년 10월 재정경제부, 한국은행, 전국경제인연합회, 대한상공회의소, 한국개발연구원(KDI) 등 5개 기관이 공동으로 초중고 경제 관련 교과서 114종(지도서 포함)을 학계에 의뢰해 분석한 결과, 446곳이 내용상 수정이 필요한 것으로 지적됐다. 총 446건의 구체적 내용을 교육과정별로 보면 초등학교 교과서 64건, 중학교 교과서 87건, 고등학교 교과서 295건이었고, 유형별로는 ① 개념상의 오류 또는 서술의 부정확 200건 ② 부적절한 사례나 통계 제시 89건 ③ 복잡한 경제현상을 과도하게 단순화 58건 ④ 편향적 시각 또는 비주류적 해석 23건 ⑤ 시장경제에 대해 부정적 인상을 줄 수 있는 서술 19건 ⑥ 주관적인 훈계 및 윤리적 내용 26건 ⑦ 교과과정상 어렵거나 부적절한 경우 31건 등이었다(KDI 경제정보센터, 2005).

교육부는 2006년도 교과서 내용 가운데 전경련 등의 경제단체들이 수정을 요구한 446곳 중 362곳을 뜯어고치기로 했다. 잘못된 사실을 바로잡기도 했지만, '시장경제에 대한 부정적 인상을 심어준다'고 주관적으로 평가된 부분을 수정하는 등 광범위하게 고쳤다. 수정요구 직후 교육부가 바로 출판사 사람들을 소집했고, 단 며칠 만에 교과서 집필자들에 의해 상당부분이 수정됐다. 신자유주의 정책을 밀어붙이는 정부와 경제단체의 요구가 서로 맞아떨어져 교과서 개정으로 이어진 것이다.

나아가 교육부는 2006년 2월 15일 초중등 경제교과서 개선작업을 전경련과 공동으로 추진한다는 내용의 '경제교육 내실화를 위한 양해각서'를 전경련과 체결했다. 기업의 이해를 대변하는 압력단체가 직접 교과서 제작에 참여할 수 있도록 한 것이다. 이를 위해 교육부는 현행 경제교과서를 수정 보완하는 '경제교과서 발전협의회'에 전경련, 대한상의, 무역협회, 중소기업중앙회, 경총 등 5개 경제단체 추천자를 포함시켜 구성하기로 결정했다. 이 협의회를 통해 교육부는 경제교과서 모형을 개발한 다음, 그것을 2007년 교육과정을 개정하기

전까지 보조 학습자료로 활용할 생각이다.

전경련은 예비교원을 대상으로 하는 경제교육 교수법 강좌를 대학과 협의해 개설하기로 했다. 교육부는 "경제단체 등이 현행 경제교과서에 실린 반시장, 반기업적 편향성에 대해 문제를 제기함에 따라, 경제교과서 발전협의회 구성을 추진했다"고 강좌 개설 취지를 설명했다. 이에 대해 전국사회교사모임은 2월 20일 "교육부가 특정 이익단체와 협약하여 교과서를 개발하는 것에 반대한다" "특정 이익단체들의 관점으로 교육하려는 것은 반교육적인 행위이다" "경제교과서 개발에만 거액의 예산을 투자하는 것은 형평성에 어긋난다" "교육부는 경제단체와의 협의회를 취소하고 사회적 교육과정위원회를 구성하라"는 등의 내용으로 반대성명을 발표했다.

경제/경영/산업사회학자 127명도 5월에 교육부와 전경련의 경제교과서 개발에 반대하는 내용의 성명서를 냈다. 2월 15일 교육인적자원부가 중고교 경제교과서를 내실화한다는 명분 아래 전경련과 공동협약을 맺고 전경련이 자금의 50% 부담하는 조건으로 교과서 개발작업에 들어간 것에 대해 한국사회경제학회를 중심으로 항의하는 성명서를 만들고 총 127명의 서명을 받은 것이다.

보수언론들도 경제교과서 공격에 적극적이다. 〈조선일보〉는 이렇게 보도했다. "문제의 근원은 경제교육에 있다. 작년 10월 재정경제부가 초/중/고 경제교과서 114종을 분석했더니 개념이 잘못 설명됐거나 반시장적인 내용이 446군데에 이르렀다. '가족끼리 외식을 즐기는 것은 이기주의적', '자본주의에선 아무리 노력해도 가난에서 벗어나지 못한다' 는 등의 내용이 버젓이 실려 있었다. 반면 중국의 경제교과서는 '기업은 시장경제의 가장 중요한 주체', '기업은 이익을 목적으로

하며 기업이익이 증가해야 국가에 더 많은 부와 번영을 가져다준다'
고 돼 있다. 뒤틀린 교육을 받고 자란 우리 학생들이 사회에 나와 어
떻게 시장경제에 적응할 것이며 그들이 이끌 한국경제의 미래는 어떤
모습일지 답답할 뿐이다.”[4]

한국일보는 프랑스의 반시장주의 교육을 지적하는 〈인터내셔널
헤럴드 트리뷴(IHT)〉의 기사를 소개했다. 〈IHT〉는 4월 9일 프랑스 정
부가 청년실업 문제 해소를 위해 내놓은 최초고용계약제(CPE)에 대한
프랑스 국민들의 반발은 반시장주의를 강조하는 경제교육에서 비롯
된 것이라면서 현실에 맞게 경제를 가르쳐야 한다는 목소리가 높다고
보도했다. 현재 프랑스 고등학교에서는 경제학이 선택과목 중 하나인
데, 1970년대에 유행하던 케인스 경제학에 기초하고 있다. 예를 들어
가장 많은 학생이 보는 나탕(Nathan) 출판사의 경제사회학 교과서에
는 “임금 축소는 구매력 저하를 가져오고, 이는 높은 실업률과 불경기
를 불러일으킬 수밖에 없다. 1980년대에 프랑스와 여러 유럽 국가들
이 성장을 위해 임금을 줄였지만 성장은 없었다”는 내용이 담겨 있다.
경제 전문가들은 “모두 조세 감면, 정부지출 축소, 규제 완화 등 민간
경제활동 활성화를 위해 발 벗고 나서는 마당에 프랑스는 정부의 시
장개입과 재정확대가 경제발전을 가져온다는 오래된 관념에 사로잡
히게 하고 있다”며 “교과서는 기업과 노동자를 상호발전 없이 늘 싸우
는 관계로 규정하고 있다”고 비판했다. 〈IHT〉는 “프랑스 정치지도자
의 산실인 프랑스국립행정학교(ENA)가 지난 수십 년 동안 시장이 아
닌 국가가 경제의 중심이라는 개념만 가르쳐 왔다”며 “현재 관료 중
불과 2명만 경제학을 전공하고 기업에서 일한 경험이 있을 정도로 정
치인에게 ‘경제’는 외면 받는 분야”라고 지적했다.[5]

　프랑스에서 격렬한 반대시위로 인해 최초고용계약제 도입이 무산된 것에 대해 〈동아일보〉는 이렇게 사설을 썼다. "프랑스의 경제교과서는 시장경제의 작동원리보다는 정부의 시장규제 임무에 초점을 맞추고 있다. 학생들은 기업의 경영진과 근로자는 싸우는 관계이고 정부 역할은 기업 통제와 노동자 보호라고 배운다. 이런 반(反)시장 수업 속에 성장한 학생들이 최초고용 2년간 해고가 가능하도록 정부가 법을 만들자 '극렬 시위'로 맞선 것은 당연한 귀결이다. 프랑스의 사례는 '강 건너 불'이 아니다. 우리의 경제교육도 문제가 심각하다. 재정경제부 등이 전문가 집단에 의뢰해 경제교과서 중에서 수정되어야 할 내용을 분석했더니 446군데나 됐다. 그중에는 '시장은 돈이 투표를 한다는 점에서 비인간적이다', '가족끼리 외식을 즐기는 것은 자기 가족밖에 생각하지 않는 이기주의적 행동'이라는 내용까지 있었다. 이러니 일자리 창출과 세금 납부처럼 기업의 긍정적인 기여에는 눈을 감은 채 '자본주의는 빈부격차를 만든다'거나 '기업 목표는 사회공헌'이라는 그릇된 경제인식에 휩쓸리게 되는 것이다. 우리도 현실경제를 직시할 줄 아는 바른 경제교육이 시급하다."[6]

　전경련은 제4차 중고교 경제/사회 교사 중국경제 체험단에 참가한 교사 102명을 대상으로 2006년 7월 27일 조사한 결과, 현행 중등학교 경제교육에 대해 36.17%가 불만족 또는 매우 불만족하는 반면 만족한다는 의견은 5.32%에 불과했고, 경제교육을 강화하기 위해서 교사에 대한 다양한 교육프로그램 제공(32.63%)이 시급하며, 교과서 내용에 대한 재검토(28.42%), 교과과정에서 경제교육의 비중 확대(20.00%) 등도 중요하다는 의견을 밝혔다고 했다.

　지난 10여 년 동안 참교육 운동과 전교조의 발전, 확산에도 불구하고 경제교과서가 기본적으로 시장의 가치를 지나치게 강조해온 편향은 아무런 영향을 받지 않은 것으로 나타났다. 그런데도 왜 오늘 우파들은 경제교과서가 반시장적으로 좌편향되어 있다고 강변하는가? 다음과 같은 몇 가지 상이한, 또 상반되기도 하는 배경에서 현행 경제교과서의 반시장 편향론이 제기된 것으로 보인다.

첫째, 7차 교육과정은 소위 '수요자 중심' 교수학습 방법을 강조한 결과 6차 교육과정과 달리 실생활 사례 설명 방식을 대폭 도입했다. 이 과정에서 주류경제학의 시장주의 이론과 상치되는 현실 시장경제의 모순들, 반시장적 요소들이 삽입되고 언급된다. 그 결과 부르주아 시장경제이론 해설로 일관한 6차 교육과정에 따른 교과서와는 달리 7차 교육과정에서는 이해를 돕는다는 취지로 삽입한 사례, 지문들을 통해 시장경제의 모순된 현실이 집필의도와 다르게 드러나게 되었다. 이를 두고 반시장 편향 운운하는 것은 말 그대로 침소봉대이다.

둘째, 소련/동유럽 블록이 붕괴한 이후, 그리고 남북관계의 진전이 가속화되면서 그동안 체제수호 이데올로기로 작용해오던 반공이데올로기의 효과가 약화되자 한국의 지배계급은 그 대체물을 경제교과서의 시장이데올로기에서 찾게 되었다. 경제교과서 문제에 김진표 교육부총리가 직접 나설 정도로 신경을 쓴 데서 보듯이 경제교과서는 실제로 오늘날 지배계급의 이데올로기적 국가기구의 최신 무기로 중시되고 있다. 1980년대까지는 반공이데올로기가 우리나라에서 지배계급의 체제수호 이데올로기로 기능해왔지만, 이는 1991년 소련/동유럽 블록 붕괴 이후, 또 김대중 정부 이후 남북대화가 진전되는 과정에서 수명을 다하고, 말 그대로 사실상 "칼집에 들어갔다." 따라서 1997년 IMF 위기 이후 고양되고 있는 반자본주의 정서에 대처하기 위한 새로운 지배이데올로기가 요청되었다. 그리하여 신자유주의 시장 이데올로기 및 이를 공교육 기관을 통해 전파, 확산하는 '경제교육' 이 절호의 수단으로 떠오른 것이다.

실제로 1997년 IMF 위기 이후 신자유주의 구조조정이 강행되면서 한국경제에서 자본주의 모순이 격화되고 있고, 자본주의 시장경제의 정당성이 근본적으로 의문시되고 있으며, 이에 대한 도전이 점증하고 있다. IMF 위기 이후 양극화, 저성장, 고용 없는 성장, 비정규직 문제 가 심화되는 가운데 '반자본주의 정서' 가 팽배해지고 있음은 2004년 삼성경제연구소의 조사에서 중고생의 41%가 빈부격차를 가장 많이 떠올린 것에서도 확인된다(김근영 · 최숙희, 2004). 우파들은 터무니없 게도 이를 잘못된 반시장적 경제교과서 탓으로 돌리고 경제교육을 완 전 장악하기 위한 구실로 제시하고 있다. 하지만 여기서 우리가 주목 해야 할 것은 자본주의 모순이 격화되면서 고양되고 있는 자생적, '즉 자적' 반자본주의 정서이다.

여기에 노무현 '좌파' 정권 등장 이후 우리나라 수구보수파들의 초조감이 가세했다. 그래서 우파들은 시장경제론 방법에 의거하고 있 는 현행 경제교과서에서 비시장주의적 요소를 남김없이 몰아내고 100% 시장이데올로기로 순일화하기 위한 공세를 펼치고 있다. 예컨 대 김승욱 교수는 현행 경제교과서가 "시장 기능의 한계와 정부의 역 할에 많은 지면을 할애하고 시장 기능을 설명하는 곳에서도 정부의 역할이 자주 언급"되며 "시장경제의 원리는 조금만 설명하고 그 부작 용만 많이 설명함으로써 각 개인이 윤리도덕적으로 잘 행동하고 정부 가 시장을 잘 감시해야 좋은 사회를 이룩할 수 있다는 논리가 여러 교 과서에 나타나 있다"고 주장한다(김승욱, 2006, 139~140쪽). 나아가 조동근 교수는 현행 경제교과서가 "구조적인 문제점을 안고 있"기 때문에 "자구수정 정도의 보완으로는 불충분"하고 "시장주의에 입각해서 교과서를 근본적으로 재편해야" 하며 "교과 서술의 기본을 주류 경제학의 시장주의에 분명히 두어야 한다"고 주장한다(조동근, 2006, 254쪽).

셋째, 한편으로 현행 경제교과서에 대한 우파의 비판은 최근 한나라당과 '뉴라이트'가 부추기고 있는 박정희 망령의 부활이라는 맥락에서도 제기되고 있다. 이들은 박정희 시대의 경제성장을 신화로 떠받들어 박정희 국가주의를 부활하는 데서 재기의 발판을 찾고 있다. 그런데 사실 이와 같은 박정희의 국가주의적 경제성장 정책은 사실 비시장, 반시장적인 것이어서 신자유주의 시장이데올로기에 근거하고 있는 현행 경제교과서에는 들어갈 자리가 없다. 그래서 뉴라이트들은 현행 경제교과서에 정부의 역할에 대한 정당한 평가가 없다고 공박한다. 예컨대 '교과서포럼'의 이영훈 교수는 다음과 같이 주장한다. "제도적으로 잘 정비된 시장이 수행하는 차별과 상벌의 기능을 한국에서는 정부가 성공적으로 대체했다. 그 점이야말로 한국 경제가 성공할 수 있었던 가장 핵심적 요인이라 할 수 있다. 그런데 어찌해서 한국의 사회과와 경제과 교과서는 그렇게 자랑할 만한 그 시대의 이야기를 자라나는 세대들에게 가르치지 않는가?"(이영훈, 2006, 38쪽). 박효종 교수도 다음과 같이 주장한다. "1960년대에 박정희 정권이 수출지향적 경제정책을 채택한 것은 당시로서는 위험을 감수한 문명사적인 선택이었습니다. … 그러나 우리 교과서에는 이런 부분에 대해 충분히 기술하지 않고 있어요."(박효종, 2006, 237쪽). 즉 현행 경제교과서가 박정희의 정부 주도적 경제성장을 긍정적으로 소개하지 않는다는 말이다. 흥미로운 점은 이처럼 '뉴라이트' 이영훈, 박효종 교수가 제기한 현행 경제교과서의 반국가주의, 결국 시장주의적 문제점에 대한 비판이 앞서 살펴본 전경련 등 신자유주의 주류 경제학자들의 반시장 좌편향론과 상충되며 이를 결국 무효화하고 있다는 사실이다.

또 이번 경제학교과서 좌편향 소동은 같은 7차 교육과정의 검인정 교과서 방식으로 바뀐 후 사범대 경제교육학 전공 교수그룹에 빼앗긴 경제교과서 시장을 다시 찾으려는 미국 경제학박사 중심의 주류 경제학자들 간에 벌어진 우파 내에서의 밥그릇 싸움적인 성격도 띠고 있다. 여기에서 교육부가 전자 편이라면, 전경련은 대체로 후자 편에 속하는 것 같다. 하지만 앞서 언급했듯이, 교육부와 전경련은 지난 2월 15일 이른바 '경제교육 내실화를 위한 양해각서'를 체결함으로써 8차 교육과정의 시장근본주의로의 전일화를 위해 연대하고 있다. 또 현행 경제교과서에 제기되고 있는 우파들의 비판은 예컨대 신자유주의적, 시장근본주의적 입장에서의 비판과 국가주의(이것은 반동적 케인스주의라는 측면을 가진 박정희주의를 말함)적 비판으로 상충되는 점이 있다고 할지라도 이들은 모두 자본주의 시장경제를 철저하게 옹호한다는 점에서는 일치한다.

고도성장 과정에 대한 평가가 부정확하다

이영훈(2006)은 우선 저임금을 받는 노동자의 희생 아래 경제가 성장했다는 것을 반박한다. 박덕제 교수 등의 연구결과에 따르면 "한계 노동생산성 증가율과 임금 증가율은 기본적으로 동일했고, 노동자가 생산에 기여한 만큼 착실하게 임금은 올라갔다"는 것이다. 또 이 교수는 "대기업과 중소기업 간의 이중경제는 존재하지 않는다. 대기업과 중소기업의 계열관계는 1980년대 이후 높은 수준으로 발전해왔다"고 주장한다.

이 교수는 또 "한국 농업은 차별당한 것이 아니라 지나치게 보호받았으며, 미곡 수매제도 덕분에 농산물 가격도 공업제품에 비해 높은 수준으로 유지되었다"며, 그 증거로 1965~2004년에 농산품/공산품의 상대가격지수가 0.3에서 1.2로 상승한 것을 든다. 농업이 낙후되고 농민이 가난한 이유는 농업이라는 산업 자체의 불리함에다가 농촌 공업이 발달하지 못한 역사적 제약조건 때문이라는 것이다. 또한 이영훈 교수는 "1997년 외환위기 이후 소득분배가 약간 악화된 것을 논외로 친다면 한국은 소득분배의 측면에서 국제적으로 뛰어난 모범생이었다"고 주장한다. 그리고 박정희 정권의 시장개입은 시장기능을 왜곡시킨 게 아니라 시장을 만들어가는 것이었고, 제도적으로 잘 정비된 시장이 수행하는 차별과 상벌의 기능을 한국에서는 정부가 성공적으로 수행했다고 주장한다. 이 교수는 경제교과서를 성찰형과 비판형으로 구분하고, 비판형은 단선론의 입장에 서 있고 사회갈등만 초래한다고 지적한다. 이어 그는 성찰형 교과서를 통해서 우리 사회가 이렇게 흘러온 데는 나름의 불가피한 이유가 있음을 설명함으로써 학생들이 우리 경제에 대한 자부심을 가질 수 있도록 하자고 주장한다.

반시장적이다

우파들은 경제교과서가 반시장적이라고 비판한다. 김영용은 시장경제 만능론에 입각해서 이렇게 경제교과서를 비판한다. "시장의 실패를 교정하거나 복지의 구현도 민간이나 시장경제 원리에 의해 더 효율적으로 달성된다는 점을 간과함으로써 시장경제를 중시하는 '작은 정부'에 대한 반감을 형성해서는 안 된다. 이러한 反시장경제적 요소들은 청소년들이 올바른 경제의식과 합리적인 의사결정 능력을 형성하는 데 장애요인이 되며, 우리나라의 경제, 사회, 문화, 정치, 교육 등 전반적인 사회 발전을 방해하는 결과를 낳고 있다."(김영용, 2003)

"자본주의와 시장경제를 폄하하고 정부 역할을 미화하거나 과대평가하고 있다. 자원의 희소성으로 어느 체제에서나 존재하는 문제를 자본주의와 시장경제 탓으로 돌림으로써 반자본주의 및 반시장 정서를 조장하고 있다. 또한 시장과 기업은 사익을 추구하기 때문에 많은 문제를 유발한다는 인식을 심어주고 있으며, '지나친' 또는 '과당' 이라는 용어를 남발함으로써 시장경제와 기업에 대한 부정적 인식을 심어주고 있다. 반면, 정부는 언제나 선하고 전지전능하며 공익을 추구하는 존재로 설명하고 있을 뿐 정부도 잘못할 수 있다는 정부실패에 대한 언급이 없다."(김영용, 2006)

김승욱은 "시장경제체제가 다른 어떤 체제보다 더 효율적이고 도덕적이며 바람직하다는 공감대가 아직 우리 사회에 형성되어 있지 않다. ― 한국에서 시장은 투기꾼으로 인해 버블가격이 형성되는 곳이고, 경제를 시장에 맡기면 투기꾼만 좋을 뿐 선량한 시민은 피해를 본다고 생각한다. ― 경제교과가 반시장적이고 반기업적이라는 견해에는 상당한 근거가 있다"(김승욱, 2006, 128쪽)고 주장한다. 김승욱은 조화룡 외(금성)와 김주환 외(중앙), 이진석 외(지학사)에서는 시장경제의 장점을 잘 설명하고 있는 데 반해 오경섭 외(디딤돌)는 주로 시장경제의 부정적인 면을 부각시키고 있다고 비판한다.

바른사회를 위한 시민회의의 경제/경영 교수 대상 설문조사 결과(2005. 6)에 따르면 "시장경제 체제가 자원의 효율적인 이용에서 계획경제 체제보다 낫다고 해서 그것이 완벽한 체제라는 것은 결코 아니다. … 자신만의 이익을 추구하는 개인들의 지나친 이기주의로 인해 구성원 간의 갈등이 자주 발생할 뿐만 아니라…"(오영수 외《고등학교 경제》, 33쪽)라는 교과서의 내용들에 대해서 응답자의 66.3%가 시장경제의 부정적 측면을 지나치게 강조하여 시장경제 자체를 부정적으로 인식하게 만들고 있다고 지적했다. 시장경제 자체가 자신의 이익을 추구하는 경제주체들의 자발성에 기초한 체제이기 때문에 이익추구를 단순히 지나친 이기주의로 규정해서는 안 되며(43.8%), 빈부격차 등 사회적 약자의 문제는 자본주의 시장경제에만 존재하는 것이 아닐 뿐더러 이들 문제도 정부의 계획보다는 시장에서 더 잘 해결될 수 있다(25.9%)고 응답했다는 것이다.

자유기업원이 제1기 시장경제체험단 최우수 논문으로 선정한 대학생 논문[7]은 중국은 사회주의 체제를 표방하면서도 시장경제 원리를 체계적으로 학습하고 있지만, 한국의 경제교육은 양적인 면에서 부족할 뿐 아니라 질적으로도 시장경제를 부정적으로 묘사하며 기업의 사회적 책임만 지나치게 강조하는 문제점을 드러내고 있다고 한다.

또한 우파들은 빈부격차 문제가 시장경제뿐만 아니라 어떤 체제에도 존재함에도 불구하고 이를 시장경제의 폐해로 서술하여 시장경제에 대한 반감과 기업에 대한 반감을 유도한다고 비판한다. 김영용은 이렇게 말한다. "반시장 정서는 주로 가격의 소득분배 기능에서 싹튼다. 가격에 의한 소득분배 기능은 이른바 '빈익빈 부익부'(?) 현상을 초래한다는 것이다. 많은 사람들은 소득분배 기능을 시장에 맡길 것이 아니라 정부가 개입하여 복지정책으로 균등한 소득분배를 이룩해야 한다고 믿는다. 그러나 복지정책은 가격의 소득분배 기능과 정보전달 기능 및 유인제공 기능을 분리시킨다는 점에 그 특징이 있다. 뒤의 두 기능은 가격이 담당하도록 하고, 소득분배 기능은 정부가 맡아 공평하게 소득분배를 함으로써 사회통합을 달성하려는 것이다. 불행히도 시장은 그렇게 움직여주지 않는다는 데 복지정책의 어려움이 있다. 가격의 소득분배 기능을 정부가 담당하게 되면 정보전달 기능과 유인제공 기능도 함께 작동하지 않으므로 생산이 크게 줄어든다. 즉 분배 방식이 생산에 지대한 영향을 미치기 때문에 정부가 개입하여 소득재분배 정책에 중점을 두면 생산은 줄어들기 마련이다. 어렵고 위험한 일에 매달려 노력한 결과의 일부 또는 대부분을 자신이 가질 수 없다면 사람들은 열심히 일하지 않는다. 결국 복지정책을 강화할수록 우리 모두는 가난해진다는 사실을 교육해야 한다."(김영용, 2004)

반기업적이다

우파들은 경제교과서가 반기업적이라고 비난한다. 우선 경제교과서가 기업의 사회적 책임을 부당하게 강조한다는 것이다.

대한상공회의소(2003. 8. 8)는 대부분의 경제교과서에서 기업의 사회적 책임과 사회정의, 기업윤리를 중시하여 기업은 이윤을 사회에 환원해야 하고 빈부격차 해소를 위해 노력해야 한다고 주장하고 있는 것이 문제라고 한다. 기업의 본질은 이윤추구인데 사회적 공헌을 더욱 중요하다는 듯이 다루는 사례가 많고, 이렇게 배운 청소년들은 이윤추구에 주력한 대기업이나 사회공헌 활동을 소홀히 한 기업에 대해 반감을 갖게 될 가능성이 높다는 것이다. 돈을 벌고 이윤을 남기는 것이 기업의 일차적 목적인데 부차적 문제인 사회적 책임, 종업원 복지 등 공익적 성격을 부각시켜 오해를 살 수 있다는 논리다. 기업은 윤리적 당위 차원에서 사회환원 활동을 하는 존재가 아니라 이윤추구를 통해 세금을 내고 고용을 창출하는 식으로 사회에 기여하는 존재라는 점을 강조해야 한다는 것이다.

자유기업원의 권혁철은 이렇게 주장한다. "학교에서의 부실하고 왜곡된 경제교과서와 경제교육도 반기업 정서의 형성에 큰 몫을 차지한다. 지금 우리나라의 초/중등학교 교과서는 기업은 이윤추구에만 급급해서는 안 되고 근로자들의 복지를 위해 힘써야 하며 사회에서 얻은 이익을 사회에 환원할 책임이 있다고 기술하고 있다. 기업을 이렇게 설명하고 있는 교과서를 가지고 공부한 학생들이 기업에 대해 어떤 생각을 가질 것인지는 너무도 분명하다. 기업의 목적이 '이윤추구'가 아니라 '국가와 사회 발전에 기여하는 것'이라는 응답이 1위를 차지하는 현실은 바로 이러한 잘못된 경제교육에 그 원인이 있다."[8]

바른사회를 위한 시민회의는, 경영/경제 교수 대상 설문조사(2005. 6)에 따르면 "기업의 이윤 극대화가 동시에 사회적 공공이익의 극대화를 가져오지 못한 것이다. … 자발적인 봉사와 이윤의 사회환원을 통해 국가 인류사회 발전에 이바지한다"(조도근 외《고등학교 생활경제》, 184~186쪽)라는 서술에 대해서 응답자의 69.4%가 기업의 본래적 기능에 대한 오해를 불러일으키는 적절치 못한 기술이라고 지적하면서, 기업의 사회적 책인이나 기업윤리 등은 기업들이 서로 경쟁하는 과정에서 의도하지 않게 달성되는 것이라고 응답했다고 말한다. "기업은 경제적 존재인 동시에 사회적 존재이기 때문에 경제적 성과를 사회에 환원함으로써 사회발전에 기여해야 할 책임을 지고 있다"(조도근 외《고등학교 생활경제》, 187쪽)고 한 것에 대해 응답자들이, 기업이윤의 사회환원을 기업가의 도덕성과 윤리성에 연결시켜서는 안 되며(61.3%) 기업이윤의 사회환원은 오히려 소비자에게 다가서려는 기업전략으로 이해하는 것이 더 적절할 것이라고 답했다는 것이다.

김승욱은 "한편으로 기업의 사회적 책임과 함께 기업이윤의 사회
환원도 소홀히 할 수 없다. 기업은 한 경제사회 안의 소비자, 근로자,
다른 기업, 정부 등과 밀접한 상호의존 관계를 맺으면서 경제활동을
하고 있기 때문에 경제적 성과를 사회와 공유하는 것이 바람직하다.
기업이윤의 사회환원은 육영사업을 통한 인재 육성, 의료사업을 통한
국민건강 증진, … 체육/레저 사업을 통한 여가선용 기회의 확대 등
다양한 분야를 대상으로 한다. 결국 기업이윤의 사회환원은 기업이
생산활동을 통해 얻은 이익을 그 기업을 키워준 사회에 다시 돌려주
는 것으로, 기업의 사회에 대한 책임의 표현이자 이의 실현이라 할 수
있다"(조도근 외, 《고등학교 생활경제》, 187쪽)는 서술에 대해 '재산권 침
해에 해당하는 태도'로 "기업의 이윤을 사회에 환원하면 그 금액은 기
업의 비용으로 반영되어 기업의 경쟁력이 떨어지고, 그러한 손실은
기업만 보는 것이 아니라 우리 국민 모두가 진다"고 비판한다(김승욱,
2006, 143쪽). 김승욱은, 기업의 이윤은 프랭크 나이트(Frank Knight)
교수가 정리한 대로 "기업활동으로 인한 위험 감수에서 찾아야" 하며,
기업의 존재에 대해서도 코스(Ronald H. Coase)의 이론에 따라 "시장
이용에는 비용이 들기 때문에 이를 줄이기 위해 위계질서의 조직으로
서 기업이 발생하는 것"이라고 주장한다.

우파는 독점과 인플레이션 문제에 대한 경제교과서의 해석과 정
리도 문제로 삼는다. 고교 교과서는 "시장을 독점한 기업이 이윤을 많
이 남길 목적으로 독점재화의 가격을 인상함으로써 인플레이션이 발
생할 수 있다"고 기술하고 있는데 이는 물가조정 기능이 있는 시장의
작동과 인플레이션에 대한 몰이해에서 나온 잘못된 정리라는 것이다

(김영용, 2002, 2003).

우파는 이러한 기업에 대한 반감은 기업가의 창의적인 활동을 저해할 뿐 아니라 매년 노동쟁의 등 비생산적인 노사갈등 구조를 야기한다고 비판한다. 특히 노사화합을 통한 난국타개가 필요한 경기침체 시에 노사갈등이 심화되는 양상을 보이고 기업이 어려움을 겪는 요인을 기업가는 노동자의 태만으로, 노동자는 기업가의 방만한 경영 및 이윤차취로 판단한다는 것이다. 요컨내 반기업 성서는 경제성장 동력을 약화시킨다는 주장이다. 즉 '반기업 정서 악화 → 기업가정신 상실 → 기업창업 감소 → 국내 투자 감소 → 성장 축소 → 경제빈국화 초래' 의 인과관계가 성립한다는 것이다.

노동자와 농민 희생, 재벌 육성에 의한 고도성장은 객관적 사실

저임금

우선 노동자의 저임금 문제를 살펴보자. 평균생산성은 측정하기 쉬운 반면 한계생산성은 측정하기 어렵다는 문제가 있다. 박기성/안주엽(2004)은 김동석/이진면/김민수가 쓴 《한국경제의 성장요인 분석》(한국개발연구원, 2002)에서 제시된 노동 및 자본 투입량, 총요소생산성, 노동소득분배율에 대한 자료를 사용하고 있는데, 이 자료는 무급 가족종사자의 귀속임금을 어떠한 가정에 근거하여 추정하느냐에 따라 노동소득분배율과 총요소생산성의 추정결과가 상당히 달라질 수 있다는 한계가 있다(신석하, 2004).

임금 상승이 한계생산성 상승과 거의 일치하거나 이를 상회한다는 것과 임금이 생계비와 일치한다는 것은 전혀 다른 이야기이다. 한계생산성 증가에 부응하는 정도로 임금이 상승하더라도 생계비에 못 미칠 수 있는 것이다. 생산에 기여한 만큼 임금을 지급했다고 하더라도 생계비 이하라면 노동자는 초과착취 당한 것이다. 이영훈 교수는 이론생계비든 실태생계비든 계산에 큰 차이가 있어서 정치적으로 결정된다고 이야기한다. 그러나 이론생계비는 계산방식에 따라 큰 차이가 날 수 있지만, 실태생계비는 큰 차이가 날 수 없다. 한국은행의《경제통계연보》(1973년) 자료와 통계청의《통계로 보는 한국의 발자취》(1995년) 자료에 의하면 1960~1980년 제조업의 월평균 임금은 실태생계비의 49.7%(1965년), 77.3%(1975년), 95.9%(1980년)로 개선되고 있었으나 생계비를 모두 충당할 수는 없었다. 국세청 발표에 의하면 1978년 현재 전체 노동자 가운데 근로소득세 인적공제 최저선인 5만 원 미만의 비과세 인원이 전체의 76.7%를 차지했으며, 전체 노동자의 88.6%가 월 10만 원 미만의 임금을 받고 있었다(이원보, 2005, 53~54쪽).

그러면 임금이 노동력 재생산비인 실태생계비에 미치지 못했는데 노동자들은 어떻게 살았을까? 이영훈 교수는 임금이 생계비에 미치지 못했다면 노동자의 숫자가 줄어들었을 터인데 그렇지 않았으니까 생계비만큼 임금이 지급되었다고 봐야 한다고 하지만, 사태가 어떻게 돌아갔는지는 실태를 조금만 들여다보면 바로 알 수 있다. 다수 노동자 가족들은 저임금을 받으면서도 살아남기 위해 열악한 생활을 해야 했고, 또 여러 명이 불완전 취업을 해서 생계비를 확보했다. 도시로 몰려든 농촌인구의 대부분은 낮은 소득과 도시의 부족한 주택 사정 때문에 도시 주변에 판잣집을 짓고 생활했다. 판잣집은 서울의 경우 1961년 8만 4440호에서 매년 10~15%씩 증가하여 1966년에는 13만

6600호, 1970년에는 18만 7500호에 이르렀다. 도시주민의 약 3분의 1
이 판자촌에 살았다. 단신으로 도시에 온 노동자들은 공장 주변에 밀
집된 닭장집, 벌통집이라 불리던 불량주택이나 기숙사에서 생활했
다.[9] 정부는 청계천변 판잣집 주민을 강제로 경기도 광주대단지(현재
의 성남시)로 내쫓았다. 일자리를 얻기 어려워진 광주대단지 주민 3만
여 명은 1971년 8월 생존권 보장을 요구하며 폭동을 일으켰다.

추가 취업희망자와 전직 희망자를 포함한 불완전 취업률은 1963
년 21%에서 1971년 31%로 높아졌다. 1970년대에 들어서도 여전해
서 임금 노동자 가운데 임시직, 일용직 노동자의 비중은 1971년 40%
에서 1980년 36%로 거의 줄어들지 않았다. 윤진호 교수의 연구에 따
르면 노동빈민층이라 할 수 있는 도시비공식 부문의 종사자 수는
1970년 약 230만 명, 1975년 330만 명, 1980년 약 450만 명에 이르렀
다(이원보, 2005, 52쪽). 이들 저학력, 생산직, 여성을 중심으로 한 불완
전 취업 노동자들은 비참한 근로조건에서 일했다. 저임금을 보충하기
위해 잔업과 특근을 일삼았고, 산업재해와 직업병에 시달렸다. 청계
천 피복 공장의 어린 여공들의 참상에 견디다 못해 분신한 전태일 열
사의 절규는 바로 이러한 현실을 고발하는 것이었다.

한계생산성은 평균생산성보다 당연히 낮다. 따라서 한계생산성만
큼 임금이 지급되어도 노동자의 분배몫은 감소할 수 있다. 분배 국민
소득 가운데 노동자 몫을 나타내는 피용자보수율은 1959년 38.2%에
서 1964년 28.4%로 내려갔다가 1970년대 말에 가서야 비로소 40%
수준에 이르렀다. 여기에는 피용자 비율의 증가가 반영되어 있다. 여
기다가 전문직, 기술직, 관리사무직 노동자들이 상대적으로 높은 임
금을 받았으므로 실제 생산직 노동자들에게 돌아간 노동소득 분배율

은 훨씬 낮았다고 할 수 있다. 1960~1969년 사이 제조업 노동자의 실질임금은 연평균 3% 증가에 그쳤는데 이것은 같은 기간의 성장률 9%의 3분의 1, 노동생산성 상승률 13%의 4분의 1에 불과했다. 1970~1980년에도 실질임금은 연평균 8% 증가한 데 비해 노동생산성은 10% 넘게 상승했다(이원보, 2005, 55쪽).

재벌 대기업의 중소기업 지배

이 교수는 비록 종속이라고 하지만 대기업이 성장함으로써, 즉 대기업 '덕분'에 중소기업이 그래도 성장할 수 있었다고 한다. 그러나 실상은 대기업의 지배에도 '불구'하고 중소기업이 연명해왔다고 하는 것이 타당하다. 박정희 정권은 사업 인허가, 외자 조달, 특혜 정책금융, 공업단지 조성 등 전방위적 지원으로 재벌을 육성했다. 그 결과 재벌은 급격히 성장하여 국민경제 전체 속에서 20대 재벌의 부가가치가 차지하는 비중은 1973년 7.1%에서 1978년 14%로, 46대 재벌의 부가가치의 비중은 1973년 9.8%에서 1981년 24.0%로 상승했다. 제조업에서 46대 재벌의 부가가치 비중은 1973년 31.8%에서 1978년 43.0%로 상승했다. 재벌체제는 박정희가 특혜금융 등으로 구축한 경제독재 체제였다. 이런 속에서 중소기업의 종속싱이 점차 심해진 것이다. 이런 상황은 대만의 중소기업이 상당한 자생력을 가지고 있는 것과 비교된다.

저곡가

마지막으로 저곡가 문제를 보면, 1960~1992년의 쌀 수매가는 한계생산비는 물론이고 일반 물가상승률에도 못 미칠 때가 많은 저위의 불안정한 것이었다. 농가 구입가격지수로 디플레이트한 수매가의 인상률은 마이너스인 해가 15번이나 되었다(황연수, 1995). 그래서 농업경제학계에서는 1968년 이후 도입된 이중곡가제와 1970년대 중반의 일반벼와 차별 없는 통일벼 수매 등에 대해 '상대적' 고미가라고 한다. 수매가가 생산비와 소득을 충분히 보장한 것이 아니라 그 이전이나 이후의 현저하게 불리한 수매가에 비해 좀 나았다는 뜻이다. 이것도 그 이전의 공업화 집중지원으로 도시와 농촌 간의 격차가 커진 것이 사회정치 불안을 초래했기 때문이다. 박정희 대통령이 역점을 두어 시행한 대표적인 농업농촌 정책도 1970년대 중반의 다수확 신품종인 통일벼의 재배와 새마을운동이었다. 저곡가 정책의 결과 도농 간의 격차가 커졌고, 이에 농민들은 대규모로 농촌을 탈출했다. 배진한 교수의 연구에 의하면 1960년부터 1975년까지 약 680만 명의 농촌 인구가 도시로 밀려들었고, 그중 가구유출이 68.2%인 468만 명, 단신유출이 31.8%인 218만 명이었다. 이러한 농촌 과잉인구의 도시 유입이 바로 저임금의 바탕이 된 것이다.

이 교수는 개방농정시대 구조조정을 위한 막대한 투자가 낭비된 것이 농민단체의 정치적 힘 때문이라고 주장하지만 실은 전혀 그렇지 않다. 농민단체들은 직접지불제의 확대를 주장했다. 정부 관료들이 생산요소 구입 보조를 하여 농민들을 과잉생산과 가격폭락, 부채 누적의 구렁으로 몰아넣었다.

'시장실패'는 경제학에서 핵심적 개념이다

'시장실패'는 경제학에서 핵심적 개념으로 미국의 경제교육 표준에서도 중요하게 다루고 있는 개념이다. 미국에서는 교육부의 의뢰로 경제교육협회(National Association on Economic Education)가 《기본 경제개념 교수를 위한 틀(A Framework for Teaching Basic Economic Concept, 1995)》과 《경제교육을 위한 경제학의 국가표준(Voluntary National Content Standards in Economics, 1997)》을 통해서 학교 경제교육의 기본개념을 선정했다. 《경제교육을 위한 경제학의 국가표준》은 기초 경제개념으로 희소성, 기회비용, 생산성, 경제제도와 인센티브, 화폐와 교환을, 미시 경제개념으로 시장과 가격, 공급과 수요, 경쟁과 시장구조, <u>소득분배, 시장실패, 정부의 역할</u>을, 거시 경제개념으로 총수요와 공급, 실업, 인플레이션, 재정정책, 통화정책을, 국제경제 개념으로 비교우위, 무역장벽, 국제수지, 환율, 경제성장을 각각 제시하고 있다.

그리고 미국 경제교육협회에서 발행한 《초석: 고등학교 경제학의 모범 교과과정(Capstone: Exemplary Lessons for High School Economics, 2005)》은 '제5단원 보이는 손: 시장경제에서 정부의 역할'에서 다음과 같은 주제를 다루고 있다. 24장 정부와 환경, 25장 미국 헌법의 경제학, 26장 공공재와 사적 재화, 27장 특수이해집단의 경제학, 28장 투표의 경제학, 29장 조세는 유인책이 될 수 있는가, 30장 빈곤과 소득불평등. 《초석》은 제2단원의 제목을 '보이지 않는 손의 작동'으로 달고 시장경제의 원리를 예로 들어 자세히 설명하지만, 이와 동일한 비중으로, 보이는 손인 정부의 역할을 자세히 설명하고 있다. 우파들은 흔히 '정치논리와 경제논리의 분리'를 주장하지만 헌법의 내용, 재산권을 보장하는 민법과 형법의 내용, 노동기본권을 보장하는 노동관계법의 내용은 모두 정치에 의해 결정되고 그 집행은 정부에 의해 이루어진다. 우파들은 시장근본주의에 빠져 민주적인 정치에 의한 정부의 활동으로 뒷받침되지 않는 시장은 존재할 수 없다는 사실을 애써 외면한다.

시장은 기본적으로 효율적인 자원배분을 가능하게 해준다. 그러나 시장이 자원배분에 효율적이라는 것은 몇 가지 가정 아래 성립한다. 즉 시장이 완전경쟁적이라는 가정과 시장성과가 오직 수요자와 공급자와만 상관이 있다는 가정이다. 그러나 현실에서는 시장지배력과 외부효과 때문에 이러한 가정이 성립하지 않는 경우가 많다. 이렇게 해서 시장이 자유롭게 기능하는데도 효율적이지 못한 자원배분 상태가 초래되는 경우를 시장실패(market failure)라고 한다. 시장실패의 한 가지 이유는 외부효과다. 외부효과란 한 사람의 행위가 제삼자의 경제적 후생에 형향을 미치는 현상을 말한다. 공해는 외부불경제효과의 고전적 사례다. 이런 경우 정부는 환경규제를 통해 경제적 후생을 증진시킬 수 있다. 시장실패의 또 다른 이유는 독점과 같은 시장지배력(market power)이다. 시장지배력이란 한 사람 또는 소수의 사람들이 시장가격에 대해 임의로 영향을 미칠 수 있는 힘을 뜻한다. 독점 대기업은 높은 초과이윤을 올리기 위해 독점적 가격을 설정할 수 있는 것이다. 또한 시장의 보이지 않는 손은 경제적 성과가 공정하게 분배되도록 하는 데 무력하다. 시장경제는 사람들이 구입하고 싶은 것을 만들어내는 능력에 비례해서 사람들이 보상을 받도록 하는 체제다. 이는 강자가 더욱 많이 차지하는 체제다. 따라서 시장에서의 패배

자와 약자를 위해 누진적인 소득세를 거두고 사회보장을 확충하는 것은 경제적 후생을 보다 공평하게 누리도록 하기 위해 필요한, 불가피한 제도다.

'기업의 사회적 책임론'이 반기업적 논리인가?

기업의 사회적 책임(Corporate Social Responsibility, CSR)이란 기업활동의 과정이나 결과로 발생하는 여러 사회적 문제에 대해서 기업이 책임을 진다는 것을 의미한다. 비용과 임금을 줄여서 이윤을 극대화하는 것이 기업의 핵심적 활동이기는 하지만 그 결과 발생할 수 있는 사후서비스의 결여, 빈곤, 위험한 제품의 생산, 환경오염 유발 등에 대해 사회와 정부에만 맡기지 말고 기업도 책임을 지고 여러 가지 활동을 벌이는 것이다.

대한상의(2003. 8. 8)는 대부분의 경제교과서가 기업의 본질인 이윤추구보다 기업의 사회적 책임을 중시하는 점에서 반기업적, 반시장적이라고 주장한다. 하지만 <u>기업의 사회적 책임론은 반시장적이기는커녕 탁월하게 친시장적이다.</u> 기업의 사회적 책임론은 1990년대 신지유주의 시장근본주의가 득세하면서[10] 세계적 규모에서 양극화, 빈부격차가 심화되고 1999년 시애틀 시위 이후 반자본주의, 반세계화 운동이 전세계적 규모로 격화되자 지배계급이 체제수호 차원에서 구사하고 있는 전술전환[11]이다.

이것은 빌 게이츠 등 대기업 오너들의 자선사업[12]이라든지 사회적 투자, 환경 펀드 등 사회적 조건을 고려한 기업경영과 투자, 스티글리츠(J. Stiglitz), 크루그먼(P. Krugman) 같은 일부 대표적 주류 경제학자들의 시장근본주의 비판 같은 형태로 나타나고 있다. 최근 세계 상위권 MBA 스쿨에서는 '기업의 사회적 책임론'을 정규과목으로 도입하고 있다. 사회가 끊임없이 기업에 사회적 책임을 요구하고 있는 것은 자본에 내재하는 맹목적인 운동성에 제동을 걸기 위해서다. 스스로의 자본증식을 위해 끊임없이 경쟁하고 자신의 규모를 키워나가는 기업을 그대로 두면 마르크스가 예견했던 자본주의의 재앙이 도래할 가능성도 있기 때문이다.

최근에는 유엔환경계획(UNEP) 산하 연구센터인 글로벌 리포팅 이니셔티브(Global Reporting Initiative; GRI)의 '지속가능보고서', 유엔의 '지구협약(Global Compact)', 국제표준화기구(ISO)의 '사회책임성(Social Responsibility; SR) 지수' 등 기업의 사회적 책임에 대한 국제표준화 작업까지 진행되고 있을 정도다. 사회공헌 활동이 선택적인 과업이 아니라 반드시 해야 할 필수적인 경영 영역으로 대두되고 있는 것이다. 최근 소비자 운동과 빈곤해결 운동이 연계돼 '페어 트레이드(Fair Trade, 공정무역)'나 '지속가능한 발전 브랜드', '윤리 브랜드', '양심 브랜드' 등의 새로운 용어를 만들고 있는 것도 이런 배경 때문이다.

한국에서는 삼성, 현대차, LG, SK 등 대기업들이 선두에 나서 활발한 사회공헌 활동을 벌이고 있다. 별도의 전담조직까지 구성한 것은 물론 CEO까지 나서는 전사적인 봉사활동을 체계적으로 벌인다.

1994년 국내기업 최초로 사회봉사 조직인 '삼성사회봉사단'을 창단한 삼성은 2004년 2월 이를 전사적 규모의 '사회봉사단'으로 확대 출범시킨 이후 2006년에 전국 105개 지역에 지역사회 봉사활동의 창구 역할을 하는 자원봉사센터를 설치해 운영하고 있다. 2003년엔 이건희 회장이 '나눔경영'을 기업경영의 새로운 지향으로 선포하기도 했다. 현대/기아차그룹은 자동차산업, 사회복지, 문예진흥, 지역사회 지원, 봉사활동, 교육학술, 국가발전, 체육진흥, 환경안전 등 9개 영역별로 위원회를 구성해 계획부터 평가까지 체계적으로 운영하고 있다. 5개 공익재단을 중심으로 사회공헌 활동을 벌이는 LG그룹은 임직원이 내는 기부금만큼 회사에서도 후원금을 내는 매칭그렌트(matching grant) 제도를 통한 사회공헌기금 조성에서부터 자원봉사까지 임직원들이 자발적으로 참여하는 '참여형 사회공헌활동'을 실천하고 있다. 특히 시장개방의 거센 파고 속에서 위기를 맞고 있는 우리 농업과 농촌을 살리기 위한 실질적 대안으로 '1사1촌 운동'이 확산되면서 기업 사회공헌의 대표적 활동으로 자리 잡고 있다.

농촌사랑범국민운동본부(공동대표 정대근 농협중앙회장, 강신호 전국경제인연합회장)에 따르면 2006년 9월 현재 삼성전자, 현대자동차, 포스코, LG전자, SK(주) 등 국내 10위권 대기업들이 모두 1사1촌 운동에 참여하고 있으며, 30대 대기업의 참여율도 86.7%에 달한다. 1사1촌 운동에 가장 적극적인 삼성그룹의 경우 거의 모든 계열사가 1사1촌 운동에 참여하고 있으며, 최근에는 전국에 퍼져 있는 사업부와 지점이 농촌마을과 각각 결연하는 '1사다촌(一社多村)' 형태로 확산되고 있다. 일부에서는 이 같은 한국 기업들의 사회공헌은 선진국 기업들과 견주어도 크게 손색이 없는 것으로 평가하고 있다.

전국경제인연합회 조사 결과 삼성그룹은 지난 2003년, 2004년 두 해 동안 연평균 3억 달러 정도의 사회 공헌 비용을 지출했다. 이는 미국에서 사회공헌 지출액이 가장 많은 월마트의 1억 달러에 비해 3배

수준이다. 또한 현대자동차, LG전자, SK(주) 등도 미국 조사기관인 KMM의 '세계기업 CSR 평가'에서 평점 80점 이상을 받으면서 유럽 기업의 평점 75점을 추월하는 성과를 거뒀다. LG필립스LCD, LG화학, 한화석유화학, 현대오일뱅크 등도 국내외에서 사회공헌 활동과 친환경 경영에 주력하면서 'CSR 경영'에 박차를 가하고 있다.[13]

하지만 이러한 기업의 사회적 책임 활동, 사회공헌 활동은 '병 주고 약 주는 식'으로, '채찍과 당근'을 같이 휘둘러 자본주의 착취체제를 은폐, 왜곡, 미화하여 유지하려는 부르주아 지배이데올로기의 한 형태일 뿐이다. 활발한 기업의 사회적 책임 활동에도 불구하고 한국사회의 양극화가 더욱 심화되어가는 데서도 이를 확인할 수 있다. 강력한 환경규제, 농업에 대한 획기적 보호정책, 효과적인 소득재분배 정책 등 민주적 권력을 기초로 한 사회적 강제 없이 양극화와 농촌의 피폐, 환경오염 등의 문제를 해결할 수는 없다. 그러니 우리나라 우파들에게는 이처럼 본질적으로 친시장적 시장경제 수호 이데올로기인 '기업의 사회적 책임론'조차 반기업적, 반시장적인 것으로 간주된다. 여기에서 신자유주의 맹주보다 한 술 더 뜨는 한국 우파의 맹목적 시장근본주의와 시대착오적 반동성이 그대로 드러난다.

그리고 우파들이 많이 지적하는 국민들과 학생들의 반기업 정서란 실은 정경유착, 과다차입, 과잉투자에 의한 기업부실과 외환위기 유발 등 재벌 대기업과 재벌총수의 온갖 부정적 행태에서 비롯된 자업자득의 측면이 강하다. 이것은 국민들과 중고등학생들이 대기업보다 중소기업에 대해, 그리고 대기업 소유경영자보다 대기업에 대해 우호적인 인식을 갖고 있는 것에서도 확인된다.

신자유주의 시장
이데올로기로서의
현행 경제교과서

04

시장주의 편향

우선 분명한 것은 현행 경제교과서의 기본 개념체계가 철저하게 주류 경제학, 즉 미국식 부르주아 경제학이라는 점이다. 이는 현행 경제교과서의 목차만 훑어보아도 금방 확인할 수 있다. 7차 교육과정 개편에 주도적으로 참여한 사람 가운데 하나인 김정호 교수 자신이 이렇게 자인한다. "경제과목에서 가르치는 경제학의 기본 개념은 미국의 국가경제교육협의회(NCEE)가 제안한 기본 개념체계와 크게 다를 바 없다."(김정호, 2002)

현행 경제교과서는 부르주아 경제학을 교육하는 데서 더 나아가 공세적으로 자본주의 시장경제 이데올로기로 역할하는 것을 자기 목적으로 한다. 이는 현행 경제교과서의 검인정 기준인 7차 교육과정 경제편이 "경제과목이 지향하는 민주시민상은 시장경제의 경쟁원리에 적응하여 효율성과 공정성을 바탕으로 이윤을 추구하면서 국민경제의 발전에 기여할 수 있는 합리적, 윤리적 경제인"이라고 분명하게 천명한 데서 확인된다.

7차 교육과정 개편을 주도했던 최병모 교수는 "7차 교육과정의 경제교육은 소비자, 생산자, 경영자, 납세자가 무엇을 어떻게 해야 할지, 즉 시장경제에 적합한 경제적 시민성 함양을 개편의 기본방향으로 삼았다. 교육과정은 고등학교 경제를 '체계적인 경제지식과 사고력 및 가치관을 토대로 하여 소비자, 생산자로서 책임 있는 민주시민의 구실을 수행할 수 있는 인간을 기르기 위한 과목'으로 정의했다"고 하면서 7차 교육과정에서 경제교과서가 시장경제에 적응하는 경제인의 양성을 목표로 하고 있음을 분명히 했다.

김정호 교수도 7차 교육과정의 특징을 다음과 같이 요약한다. "첫째, 경제교육이 지향하는 시민성을 **시장경제의 경쟁원리에 적응**하여 효율성과 공정성을 바탕으로 **이윤을 추구**하면서 국민경제의 발전에 기여할 수 있는 합리적, 윤리적 경제인'이라고 하여, 인지적인 면과 정의적인 면의 조화를 강조했다. 둘째, 경제교육의 기본방향은 '체계적인 경제지식과 사고력 및 가치관을 토대로 하여 **소비자, 생산자로서 책임 있는 민주시민의 구실을 수행할 수 있는 인간을 기르는 것**'으로 설정했다. 이 방향은 '사회과학 교육＝사회과 교육'이라는 학문 중심 패러다임을 '사회적 역할 학습＝사회과 교육'이라는 패러다임으로 전환하는 것을 전제로 한 것이다."(김정호, 2002)

시장경제의 경쟁원리에 적응하고 이윤을 추구하도록 훈육하는 것을 목적으로 하는 현행 경제교과서, 자본과 노동의 사회적 관계를 핵심으로 하는 자본주의의 모순에 대한 이해를 시도하기는커녕 이를 소비자와 생산자로 치환한 현행 경제교과서가 도대체 어떤 점에서 반시장, 좌편향적이라는 걸까?

필자가 보기에는 오히려 정반대로 7차 교육과정에 근거한 현행 경제교과서는 이전 6차 교육과정에 근거한 국정 경제교과서보다 시장주의로 더 편향된 것으로 보인다. 이는 최병모 교수 자신이 작성한 경제분야 7차 교육과정과 6차 교육과정 비교표를 보면 분명하다.

〈표 1〉에서 보듯이 최병모 교수는 경제분야 7차 교육과정에서는 경제에서 정부의 역할이 축소되고 합리적인 선택을 강조했다는 점을 분명히 하고 있다. 요컨대 시장주의적 성격을 명확히 한 것이다. "6, 7차 교육과정을 비교해 보면 6차에서는 경제적 사고력과 경제문제 해결능력을 강조하였으나 7차는 경제의 기본원리를 바탕으로 경제문제의 합리적 의사결정 능력의 신장을 강조하고 있다."(최병모, 2003, 101쪽) 게다가 7차 교육과정에서는 시장윤리를 갖춘 시장경제에 순응하

〈표 1〉 경제분야 7차 교육과정의 특징

6차 교육과정(1991)	7차 교육과정(1997)	비고
1. 경제생활의 이해	1. 경제생활의 이해와 경제문제의 해결	– 4단위에서 6단위로 증대 (《생활경제》 과목과의 관련)
2. 시장과 경제활동	2. 시장의 경제활동	– 경제에서 정부의 역할 축소
3. 시장경제와 정부	3. 경제주체의 합리적 선택	– 합리적인 선택 강조
4. 현대국민경제의 이해	4. 국제경제의 활동과 경제변동	– 경제문제 내용의 분산 수용
5. 현대사회의 경제문제	5. 세계시장과 한국경제의 미래 전망	– 국제경제의 내용 보완 및 세계경제의 관점에서 우리경제의 문제를 다룸
6. 우리 경제의 발전과 당면과제		– 경제윤리의 실천방안과 행동화 강조

출처: 최병모(2003, 102쪽)

는 경제인 양성을 교육목표로 노골적으로 천명하고 있다. 사실 신자유주의 이데올로기 주입기구로서의 경제교육의 기능 확립이 6차 교육과정에 비교할 때 7차 교육과정의 새로움이다. 즉 7차 교육과정 경제교과서는 시장윤리 교본과 같은 성격이 가미되어 있다는 점에서 시장경제에 대한 주류 경제학적 해설 위주의 6차 교육과정 경제교과서와 다르다.

문제는 시장윤리를 강조한 나머지 자본주의 시장경제의 구조와 운동법칙, 모순에 대한 객관적 분석과 가치판단이 혼재하게 되어 객관적 사실에 대한 오해와 이데올로기적 왜곡을 낳고 있다는 사실에 있다. 현행 경제교과서에는 부르주아 경제학의 가설에 기초한 나름대로의 객관적 서술이 전혀 입증되지 않은 주관적, 당위적 판단 및 권유와 마구 뒤섞여있다. 현행 경제교과서는 시장윤리를 가르치고 훈계하려고 해서 시장경제의 논리를 주류 경제학의 관점에서 서술한 보통 부르주아 경제학 교과서보다 그 영향이 훨씬 더 나쁠 수 있다. 즉 현행 경제교과서는 객관적 사고능력을 함양하는 것과는 거리가 멀다. 요컨대 현행 경제교과서는 체제이데올로기 주입도구일 뿐이며 과학으로서의 경제학을 가르치는 교과서라고 보기 힘들다. 현행 경제교과서의 시장이데올로기적 본질을 전교조 등 진보적 교육단체를 비롯한 진보진영이 아직까지 주목하고 문제시하지 않고 있는 게 필자로선 의외다.

또 7차 교육과정에 따르면 중학교 3학년 《사회》(공통필수)에서 미시경제학이, 고등학교 1학년 《사회》(필수)에서는 거시경제학이 요약 서술되어 있으며, 고등학교 2학년 《경제》에서는 미시경제학과 거시경제학이 합본되어 약간 높은 수준에서 서술되고 있다. 그러나 어디에서도 주류 경제학의 체계를 벗어나는 서술은 없다. 반면 주류 경제학에 맞서 그와 나란히 경쟁적 흐름을 형성해 온 마르크스 경제학, 포스트케인스주의 경제학, 네오슘페터주의 경제학, 제도주의 경제학 등 비주류 경제학의 흐름은 현행 경제교과서에서 전혀 다루어지고 있지 않다. 그런데 경제체제에 어떤 글로벌 모델이 있지 않은 것처럼 경제교과서에도 어떤 글로벌 스탠더드가 있지 않다. 그럼에도 불구하고 현행 우리나라 경제교과서는 영미식 시장경제 모델, 신자유주의 모델을 인간 본성에 합치되는 유일한 모델로 제시하고 있다. 예컨대 독일, 프랑스, 북유럽의 고등학교 경제교과서가 미국 경제교과서와 다를 뿐만 아니라, 같은 영미권 내에서도 영국의 고등학교 경제교과서 체계는 미국의 것과 아주 다르다(이봉수, 2005).

노동자 인권의 경시

현행 경제교과서의 신자유주의 시장이데올로기로서의 본질은 6차 경제교과서에는 있었던 노동문제에 관한 절 '노동시장과 산업평화'가 완전히 삭제된 데서도 확인된다. 7차 교육과정 경제교과서에는 기업과 소비자만이 존재하고 노동자, 노사관계, 노동과정에 관한 서술은 자취를 감추었다. 이는 6차 교육과정에 비해서도 후퇴한 것이다. 자본주의 사회에서 필연적으로 발생하는 노사관계에 대한 분석이 경제교과서에서는 물론 공통과목인 《사회》 교과서에서나 다른 선택 과목인 《사회문화》에서도 취급되고 있지 않다. 이는 심각한 문제다. 노동시장과 노사관계 및 노동법에 대한 기본적 교육은 필수적이다. 현행 경제교과서가 현실에 대한 정확한 이해가 아니라 현실의 미화와 왜곡을 위한 체제수호 이데올로기임을 감안한다면, 자본주의 시장경제의 근간인 노동력의 상품화와 노사관계에 대한 서술을 누락한 것은 당연하다 할 것이다.

노동인권 교육과 관련하여, 국민공통 기본교육 과정에 속하는 고 1에서는 '교과' 영역에서 사회, '재량활동' 영역에서 교과 재량활동과 창의적 재량활동을 통해 학생이 희망하면 사회관련 영역을 배울 수 있도록 되어 있다. 그러나 실제로는 재량활동이 학생의 희망보다는 교사의 수급 및 입시와의 관련성에 따라 진행되기 때문에 재량활동을 통한 노동인권 교육은 현실적으로 기대하기 어렵다. 즉 국민공통 기본교육 기간인 고 1에서도 노동인권과 관련된 노동의 가치, 노동권, 노동조건에 대한 권리, 노동3권, 사회보장권, 프라이버시권, 경영참여권의 측면을 배울 수 없을 뿐만 아니라, 다양한 선택과목을 배울 수 있는 고 2, 3학년에서도 일반계 이과 학생은 국/영/수와 과학과목 위주로 배우고, 실업계 학생은 국/영/수와 전문과목 위주로 배우기 때문에 노동인권과 관련된 과목인 법과 사회를 배울 기회는 희박하다. 또한 일반계 문과 학생이라도 고 2, 3학년 선택과목인 사회계열 10개 과목에서 노동인권과 관련된 과목인 법과 사회를 배울 기회가 한정되어 있다. 우리나라는 일반계와 실업계 고교에서 국민공통 교육과정으로 사회를 배우지만 주로 강의식으로 수업이 진행되고 있고, 그 내용도 주로 실업의 문제점과 시민운동 차원에서의 노사갈등 내용만 일부 기술하고 있어 사회교육의 내용에서의 노동인권 내용을 찾기가 어려운 형편이다.

일반계 학생의 경우 선택과목으로 경제, 법과 사회, 사회문화를 배우나 경제 과목에서는 노동인권과 관련하여 기업과 근로자의 역할, 실업의 원인과 대책 정도에 대해 단편적으로 배우고 있고, 법과 사회 과목에서는 노동인권과 관련하여 미성년자와 근로기준법, 민법의 기본원리, 근로자의 권리와 의무, 근로관계법에서 다소나마 노동인권에 관한 내용을 배우고 있으며, 사회문화 과목에서는 사회문제로 발생하는 일부 문제로서의 노사갈등의 문제와 그에 대한 대책을 간단히 배우고 있을 뿐이다. 실업계 학생의 경우, 노동인권과 관련하여 공업계열에서는 공업입문 과목을 배우고 상업계열에서는 경영대요를 배운다. 공업입문에서는 노동의 가치와 관련한 직업과 진로, 산업안전 문제에 대해서는 비교적 자세히 배우나 노동조합과 노동3권에 대해서는 몇 줄 배우는 정도이며, 경영대요에서도 노동과 임금, 노동조합 등에 대해 경영수단의 일부라는 측면만 각각 몇 페이지 배우는 정도다. 따라서 우리나라 학생의 경우 법과 사회를 선택하지 않는 일반계 학생과 실업계 학생은 그나마도 노동인권과 관련한 내용을 거의 배우지 못하는 것이 현실이다.

노동의 가치와 중요성에 대해서는 일반계 고등학생과 실업계 학생들이 공통으로 배우는 사회과목뿐만 아니라 선택과목인 사회문화, 경제, 법과 사회 과목에서도 기술하지 않고 있다. 공업계 고교에서만 직업과 관련된 노동의 가치와 중요성을 설명하고 있지만, 직업에는 귀천이 없다고 하면서도 좋은 직업의 요건을 서술하면서 잘못된 직업의식을 갖도록 하고 있다. 노동조건에 대한 권리에 속하는 공정하고 정당한 보수, 안전하고 건강한 노동조건, 임금, 승진, 교육, 복지혜택 등에서 차별받지 않을 권리, 노동시간 제한 등의 권리에 대해서는 사회나 경제 과목에서는 다루지 않고 법과 사회, 경영대요, 공업입문 등에서 일부 다루고 있을 뿐이다. 경영대요에서는 임금을 경영자적 입장에서 서술하고 있다. 노동자의 단결권, 단체교섭권, 단체행동권 등 노동3권에 대해서 사회나 경제 교과서는 다루지 않고 있다. 단, 공업입문 교과서에서 노동3권이 있다는 것을 기술하고 있으며, 법과 사회 교과서는 비교적 상세히 다루고 있다. 사회보장에 대한 권리는 사회문화 과목과 공입입문에서 간략히 다루고 있을 뿐이다. 노동자 프라이버시 권리는 전혀 다루지 않고 있으며, 경영참여 제도에 대해서는 공업입문 4종 교과서 중 하나, 경영대요 교과서 중에서 두 개가 설명하고 있다.

고등학교 학생(일반계 2개교, 실업계 2개교)을 대상으로 한 노동인권 교육 관련 설문조사에서는 응답자 222명의 절반이 아르바이트를 해본 경험이 있는 것으로 나타났다. 일의 내용은 패스트푸드 조리와 판매가 다수였다. 보수가 충분치 않다고 답한 학생이 38.7%를 차지했고, 부당한 대우를 받았을 때 '참았다'와 '그만두었다' 등 소극적 대응을 한 경우가 대부분이었고, 이런 경우의 대처방법을 배운 적이 없다는 응답이 80%였다. 학교에서 노동의 가치, 노동자의 권리에 대해 배울 기회가 있었다고 응답한 학생은 20%에 불과했다. 학교에서 노동조합의 역할과 권리에 대해 배운 적이 있느냐는 질문에 대해서는 16%만이 배운 적이 있다고 응답했다. 헌법에서 보장한 노동조합 활동에 관한 '노동조합 및 노동관계조정법'에 대한 교육이 방기되고 있음을 보여준다. 그 결과 노동자에 대한 학생들의 이미지는 상당히 부정적이다. 노동자 하면 어떤 이미지가 떠오르느냐는 질문(복수응답)에 응답학생의 35.2%가 '사회에 꼭 필요한 존재이다', 33.6%가 '불쌍하다', 34.7%가 '가난하다', 55.3%가 '제대로 대접을 못 받는다',

39.4%가 '나는 되고 싶지 않다' 라고 응답했다. '과격하다' 는 응답이 15.6%, '무식하다' 는 응답이 18.3%로 나온 것도 주목된다. 노사관계가 전반적으로 부정적이라는 응답이 69.7%로 다수였고, 노사갈등의 원인에 대해(복수응답)서는 '사용자가 노동자들을 생각하지 않고 자기 욕심만 챙겨서' 70.9%, '노사간 대화의 통로가 제대로 마련되지 않아서' 61.9%, '노동자의 어려움을 사용자가 잘 알지 못해서' 51.9%의 순으로 응답했다.[14]

한국노동교육원 송태수 교수는 "독일과 프랑스 같은 나라에서는 중학교, 일찍이는 초등학교에서부터 노동자의 권리와 자유, 고용에서의 평등 등 노동인권 교육을 체계적으로 교육하고 있는 데 반해, 우리의 학교에서는 노동인권 교육이 거의 전무한 실정"이라고 지적한다. 학교 노동교육이 노사갈등 정도만을 미미하게 다룰 뿐 노동인권에 대해서는 거의 침묵하고 있는데다《법과 사회》등 그나마 노동인권을 다룬 선택 교과서는 일선 학교에서 거의 채택되지 않고 있다는 것이다(송태수, 2004). 프랑스 교육과정 지침서는 "기업체 내에서 노동자들의 권리는 인간 존엄성의 문제다. 노동자로서 인간은 '체인' (테일러주의)의 하나나 도구가 아니라 권리의 주체로 다루어져야 한다. 각각의 노동자는 일정한 권리와 자유를 누리는 지위를 가지고 있다"고 명시하고 있다.

한국노동교육원이 노동부로부터 의뢰받아 총 72종(초등학교 12종, 중학교 30종, 고등학교 30종)의 교과서 내용을 분석한 연구결과(송태수, 2006)에 따르면, 노동자를 부정적으로 묘사하거나 학생들의 직업관에 나쁜 영향을 줄 수 있는 내용이 40여 건 드러났다. 이에 따라 노동부는 2006년 7월 이 연구결과를 교육부에 통보하고 현행 교과서 내용을 수정/보완할 것을 요청했다. 지적된 교과서 내용 중 노동자나 노동조합을 부정적으로 묘사한 부분을 살펴보면 다음과 같다.

　중학교 2학년 사회교과서 중 사회법이 생겨난 배경을 설명하는 삽화에 "더 이상 못 살겠다. 국가가 나서서 해결해 줘라. 노동자들이 폭동을 일으키겠어"(교학사, 170쪽)라며 노동자를 '폭력집단' 으로 규정하는 듯한 위험한 표현이 있는가 하면, 노동운동을 체제 위협의 요인으로도 묘사하고 있다. 쟁의가 발생할 경우 학생들에게 노사분규의 원인이나 노사갈등의 내용을 균형 잡힌 시각을 통해 객관적으로 파악할 수 있도록 도와주어야 할 터인데, 경제계의 입장은 서술하면서 노동계의 의견은 빼 놓은 교과서도 있다(중학교 3학년, 교학사 13쪽).《사회/문화》(대한교과서, 187쪽)에서는 노동자들의 집회 장면 사진을 수록하고 이를 '혼란' 으로 서술하고 있다. 노동자들의 단체행동권은 헌법에 보장된 정당한 권리인데도 이를 두고 '혼란' 이라는 부정직 표현을 사용한 것은 학생들에게 편견을 심어줄 위험성이 있다. 초중고의 모든 교과서에서 '노동' 과 '근로', '노동자' 와 '근로자' 라는 표현을 혼용하고 있는 것도 학생들에게 혼란을 불러일으키고 있다. 이것은 노동과 노동자라는 표현에 대한 거부감이나 사회적 편견에 기인하는 것이겠지만, 노동자를 '육체노동자' 와 '사무근로자' 라는 식으로 구분하여 인식하고 있는 학생들의 편견을 더욱 부추기는 것이다. '정부의 규제가 적은 나라일수록 경제성장률이 높다' 라는 주제를 다루며 1979년 이후 집권한 영국 보수당 정부가 노조에 대한 강경정책 실시 등을 통해 경제발전을 이루었다고 서술하는 내용[15]도 있는데 이것도 문제가 있다.

최근 경제학 연구성과의 미반영

그리고 현행 경제교과서에는 경제학 연구의 최근 성과들이 거의 반영되어 있지 않다. 예컨대 마르크스 경제학 연구의 최근 성과는 물론 포스트케인스주의의 금융 불안정성, 불확실성에 관한 논의, 네오슘페터주의 경제학, 자본주의 발전모델의 다양성에 관한 논의, 신자유주의 세계화에 대한 논의, 대안적 경제발전 모델에 관한 논의 등이 전혀 반영되어 있지 않다.

현행 경제교과서의 시장주의적 성격은 현행 경제교과서의 집필 참여자 중에 우리나라 진보진영 경제학회인 한국사회경제학회의 회원이 단 한 명도 없는 데서도 확인된다. 그래서 시장경제론에 대해 지난 20여 년간 꾸준히 비판적 문제제기를 해온 한국사회경제학회의 비판적 정치경제학자 200여 명이 축적해온 많은 연구성과는 전혀 언급되고 있지 않다. 사실 경제교육 분야처럼 우파가 완전 독식하고 있는 영역도 없다. 집필진의 면면을 보면 그 풀(pool)이 대단히 협소하고, 그 이념적 스펙트럼이 우파 일색이다. 사범대 사회교육 전공 우파 교수들의 인맥과 일부 미국 경제학 박사들의 인맥이 독점한 형국이다. 사실 우리나라처럼 미국 경제학 박사가 학계와 주요 대학, 연구소 등을 석권하고 있는 나라는 없다.

그런데도 반시장, 좌편향이라니! 너무나 시장편향적이고 시장주의 일변도여서 문제인 현행 경제교과서의 몇몇 지엽적, 부수적 사례를 침소봉대하여 반시장, 좌편향이라고 참주선동하는 우익들이야말로 편향된 자유시장 광신도들이다. 이들이 원하는 것은 시장경제의 운행원리를 가르치는 것이 아니라, 세계관 형성기에 있는 어린 학생

들을 일찌감치 시장경제의 한 톱니바퀴로, 말 그대로 경제동물로 잘
기능할 수 있도록 만들어내는 것이다. 하지만 이런 인간형은 7차 교육
과정이 표방하는 시장경제 발전에 이바지할 수 있는 창조적, 혁신적
사고를 할 줄 아는 인간형과는 거리가 멀다. 21세기 인류사회가 필요
로 하는 인간형은 창조적, 혁신적 사고력을 갖춘 인간이며, 그런 사고
력은 사물과 사회현상을 기존의 방식대로가 아니라 뒤집어볼 수 있는
능력과 자세, 그리고 열린 사고를 갖도록 교육할 때에야 비로소 형성
될 수 있다.

대안적
경제교과서의
집필 방향

05

경제교과서의 경우 국사교과서에 비교한다면, 정말로 진보진영의 입김이 전적으로 부재하다. 그래서 우익이 아니라 진보진영이 들고 일어났어야 마땅했다. 그런데 오히려 우익들이 그것도 부족하다고 소동을 부리게 된 데에는 진보진영 정치경제학 연구자들의 책임도 있다. 대개 대학 강단에 자리 잡고 있는 정치경제학 연구자들은 주류 경제학의 헤게모니에 의해 주변화되어 대학 강단에서 정치경제학 관련 강의나 훈고학적 마르크스 연구, 정부 경제정책에 대한 비판, 사회운동에의 부분적 관여 정도로 활동영역이 축소되어 있다. 대학 강단에서 정치경제학 강의를 하면서 이미 중고교에서 시장이데올로기와 입시교육으로 형성되어온 대학 신입생들의 '시각교정' 작업을 시도해보다가 "요즘 학생들은 이제 세대가 다르고 심각한 청년실업 문제에 시달리는 탓에 잘 안 된다"면서 쉽게 포기하고 자신의 연구나 활동에 치중하는 것이 보통이었다. 교수들이 대학에서 교육받는 학생들의 기초

시각과 세계관이 형성되는 과정에 대한 검토는 전혀 시도하지 않았던 것이 사실이다. 여기에는 지난 1990년대 이후 참교육 실천에 나섰던 전교조가 합법화되고 나서 '전교조 선생님들께서 잘 하고 계시겠지' 하던, 일종의 안이한 태만도 작용했던 것이 사실이다. 이번 경제교과서 사태는 이에 대한 전면적 재검토의 기회를 제공했다는 점에서 하나의 기회이기도 하다.

교육은 알튀세르(L. Althusser)가 말한 "이데올로기적 국가기구"의 핵심장치 중 하나다. 경제교육은 그중에서도 자본주의 사회의 토대와 시장경제에 대한 이해를 추구하는 것을 목적으로 하기 때문에 다른 어느 교과 교육보다 이데올로기적 국가기구로서 가장 핵심적 영역이다. 이전의 '반공도덕'이 주변화된 오늘날에는 반공이데올로기가 아닌 시장이데올로기를 학생들에게 주입하는 것이 이데올로기적 국가기구로서의 교육제도에 맡겨진 최우선적 과제이다. 최근 우파들이 경제교과서에 대한 완전한 장악과 그것의 완전한 신자유주의화에 집착하는 이유도 바로 이처럼 경제교육이 자본주의 이데올로기 교육의 핵심이기 때문이다. 이 점에서 우파들은 진보진영보다 정세를 더 잘 읽고 기민하게 대응하고 있다고 봐야 한다.

여태까지 우리나라 진보진영의 교육개혁 운동은 주로 교육제도와 입시제도에 집중되었으며, 교육의 내용과 교과과정에 대한 전면적 문제제기는 이루어지지 않았다. 교육의 형식과 제도에 집중하는 사이에 교육의 내용이 신자유주의 우파 세력에 의해 석권되는 것을 보지 못했다. 하지만 교과과정이 민주적으로 개정되지 않은 채 교육제도와 입시제도를 바꾸는 것만으로는 다른 세계의 구현을 위한 인간의식의 개혁은 요원하다.

　　사실 인간성과 사회의식의 골격이 청소년기에 대체로 형성됨을 감안한다면 대학진학 후에 비판적 사회과학 등을 통해 기존 사고방식의 틀을 깨는 것은 여간 어렵지 않다. 물론 자본주의 사회를 지배하는 사상, 이른바 상식과 통념은 다름 아닌 지배계급의 사상이며, 이는 파업과 같은 대중투쟁 과정에서 변혁, 전복될 수 있다. 주지하듯이 대중이 기존의 체제순응적 의식에서 해방되는 것은 파업과 같은 거대한 대중투쟁을 통해서만 가능하다. 그렇다고 대중투쟁의 고양을 기다리고만 있을 것인가? 학점을 매개로 한 강의나 간헐적인 강연, 혹은 출판 등의 매체나 정치조직의 활동을 통해 대중의식을 변화시키는 데는 한계가 있다. 우파들은 오히려 재벌과 정부기구를 총동원하여 경제교육의 과정과 내용을 완전 장악하여 체제에 대한 저항과 거부의 요소를 어린 싹부터 제거하고 체제이데올로기를 주입하는 데 혈안이 되어 있다. 이제 진보진영도 이에 정면대응해야 한다. 즉 자본주의 시장경제에 순치되도록 하는 것을 목표로 하는 현행 초중등 경제교과서의 내용을 근본적으로 개혁하지 않고는 자본주의의 억압과 착취를 넘어선 또 다른 세계의 구현은 요원할 것이다. 따라서 어린 학생들을 시장이데올로기로 물들이는 것을 목적으로 하는 현행 7차 교육과정 경제교과서에 대한 전면적인 비판이 시급히 요청된다. 시장경제에 순응하는 경제동물로 청소년, 나아가 인간을 파편화, 불구화하는 데 기여할 뿐인 7차 교육과정 경제교과서는 전면 폐기되어야 한다.

　　이런 점에서 우리는 7차 교육과정이 경제교육의 독자적 영역을 인정했다든지 하는 이유로 6차 교육과정에 비해 뭔가 진보적인 것으로 평가하는 일부 견해(예컨대 김경모(2004), 안현효(2006))에 동의하지 않는다. 중요하기 때문에 더욱 문제가 되는 것은 경제교육학이나 교수

방법과 같은 테크닉적인 차원의 문제가 아니라 그것이 전제하고 있는 내용, 즉 '경제학의 구조' 혹은 더 나아가 그것이 지향하는 '경제적 시민성의 양성' 혹은 '경제적 가치의 내재화'의 부르주아 이데올로기적 본질이다. 교육되는 '기본 경제개념'과 '경제원리'의 부르주아적, 신자유주의적 본질은 조금도 손대지 않고 그것을 무슨 '소극적 경제 사회화'니 '적극적 경제사회화'니 '참여의 경제교육'이니(김경모, 2004) 하는 교육학의 기술로 치장한다고 해서 그렇게 만들어진 교과 과정이 조금이라도 더 진보적인 것으로 되는 것은 아니다. 경제교육의 기술은 '수요자 중심'으로 '참여적', '반성적' 방식이 도입되었지만 경제교육의 내용은 이전보다 더 신자유주의 시장주의적으로 되었다면, 이는 더 교묘하게 반동화되었다고 평가해야 한다. 첨언하자면, 일부 진보를 자처하는 경제교육학자들의 논의에서조차 경제학은 미국식 주류 경제학만 있는 것으로 간주된다. 그들에게는 마르크스주의 경제학을 비롯한 비주류 경제학의 전통은 물론, 자본주의 체제의 본질적 모순을 이해하고 이 체제를 변혁하기 위한 계급의식을 함양한다는 파울루 프레이리의 비판적, 혁명적 교육학(Critical Pedagogy)은 아예 존재하지도 않는 것으로, 혹은 언급할 가치조차 없는 것으로 치부되는 듯하다.[16]

수학이나 물리학과 같은 자연과학과 달리 모순과 이해관계의 대립으로 가득 찬 사회문제를 탐구하는 사회과학으로서의 경제학은 가치중립적일 수가 없다. 형식논리가 지배하는 자연과학과 달리 사회과학에서는 가령 자본과 노동의 관계가 투쟁적 요소와 협동적 요소를 동시에 갖는 경우처럼 변증법이 특징적이다. 동일한 사회현상에 대한 인식과 대응은 그 인식과 대응의 주체가 그 사회에서 처해 있는 객관적 위치에 따라 달라진다. 따라서 사회과학의 경우에 교과서의 역할은 이와 같은 모순적 사회현상에 대한 다양한 상충되는 인식과 대응을 이해하고 비교하고 토론하는 것이 되어야지, 어떤 한쪽의 주장을 보편적 진리라고 전체주의적으로, 획일적으로 강제해서는 안 된다. 예컨대 경제교과서의 경우 역사적으로 특수한 시장경제 체제를 주어진 것이나 초월할 수 없는 환경으로 간주하고 그 속에서 순응하는 원리를 가르치는 것이 아니라, 시장경제의 운동법칙과 모순 및 한계, 더 나아가 대안에 대한 다양한 견해를 이해하고 토론하는 것이 되어야 한다. 현행 경제교과서처럼 아직 세계관이 확립되지 않은 학생들에게 시장경제 지상주의 이데올로기를 주입, 세뇌하는 것이 아니라, 객관적 시각에서 자본주의 시장경제에 대한 다양한 견해를 토론함으로써 현실의 문제를 파악하고 해결하는 데 필요한 시각과 능력을 함양하는 것을 교육의 목표로 삼아야 한다. 그래야 7차 교육과정이 목표로 한다는 '민주시민 양성'이 가능할 것이다.

이를 위해서는 기존 교육과정과의 혁명적 단절과 새로운 교육과정 수립이 이루어져야 하고, 그것에 근거해 경제교과서를 완전히 새로 써야 한다. 이는 교육 관련 이해당사자들, 경제관련 고등교육기관, 교사, 학생, 학부모들의 민주적 참여를 통해 이루어져야 한다. 새로운 대안적 경제교과서를 만드는 작업에는 정부, 교사단체, 학부모단체뿐만 아니라 좌우파를 망라한 경제학계 및 대학생, 경제단체와 노동조합, 시민운동단체 등이 참여해야 한다. 즉 진보진영은 우익들끼리 벌이고 있는 밥그릇 싸움을 종식시키고 이제라도 경제교과서 개정작업에 확실한 이해당사자로 참여해야 한다. 자유시장 광신도들이 자기 밥그릇을 챙기려고 우리 아이들과 우리 사회의 미래가 걸린 공교육의 교과과정 개편을 독식하려는 기도는 단호히 저지되어야 한다. 공교육의 영역을 더 이상 이데올로기적 국가기구의 일부로 놓아두어서는 안 된다. 진보진영은 일부 우파 사범대 교수들의 인맥과 전경련, 자유기업원 등 재벌과 미국 제국주의의 첨병 노릇을 하는 '뉴라이트' 주변의 미국 경제학박사들, 부르주아 경제학자들이 공교육의 교육과정과 교과서 시장을 사유물인 양 독점, 독식하는 사태를 더 이상 방치해서는 안 된다. 부르주아 신자유주의 시장경제 주입도구일 뿐인 현행 경제교과서를 전면 폐지하고 이를 진보진영과 진보적 교육단체의 주도 아래, 관련 이해당사자들의 민주적 참여 아래 재서술하는 것은 진보진영의 임무이기에 앞서 민주시민으로서 시급히 해결해야 할 숙제다.

다양한 입장에 대한 개방적 자세

대안 교과서를 집필하는 데는 우리보다 자본주의적 발전에서 앞서 나아간 선진 자본주의 국가들의 여러 경험을 참조할 필요가 있다. 우선 강조되어야 할 것은 학생들이 여러 사회경제적 문제에 대한 다양한 입장을 최대한 접하도록 허용되어야 한다는 점이다. 참고로 아르멘토 외(Armento et al., 1993)는 경제교육의 근본목적으로 공공선(common good), 즉 사회 내 개인과 집단의 일반적 복지(general welfare)를 지지한다. 그리고 접근방법으로는 다양한 시각을 중요시한다. 동일한 문제에 대해서 보수적 시각(conservative perspectives: free-market advocates), 자유주의적 시각(liberal perspectives: managed-market advocates), 급진적 시각(radical perspectives: radicals) 등 여러 시각에서 해석하고 대안을 제시하도록 해야 한다는 것이다. 경제적 선택을 평가할 때의 기준으로는 경제성장, 경제적 효율, 소득분배, 경제적 자유, 형평성, 안정, 경제발전 등을 제시한다. 그리고 경제교육 목표를 달성하기 위한 강의 절차를 다음과 같이 제시하고 있다. 첫 번째 단계, 문제와 그 매개변수를 제시하고 정의한다. 두 번째 단계, 이전의 지식을 문제에 관한 새로운 정보와 연결시킨다. 세 번째 단계, 새로운 자료와 생각에 입각해서 문제에 대해 개념을 재구성하고 재정의한다. 네 번째 단계, 근거 있는 자료에 입각해서 대안적 관점을 개발한다. 다섯 번째 단계, 수집한 근거 있는 논리와 자료에 입각하여 개인적 입장을 말한다.

이렇게 교사가 특정한 이데올로기를 주입하는 것이 아니라 다양한 입장을 제시하고 학생들 스스로 자신이 처한 입장에서 자기주장을 가질 수 있도록 한다는 원칙은 독일 정치교육에도 확립되어 있다. 독일에서는 전후 미국식 민주주의 교육이 행해지다가 1960~1970년대에 와서 정치적 실천에 대한 현실적 분석, 자기 이익 또는 이해관계를 인식하고 표출할 수 있는 능력의 배양, 지배관계의 분석과 해방적인 교육을 강조하는 새로운 교수학적 대안이 등장했다. 이에 대해 우파들이 공산주의적인 교화 시도라고 반발함에 따라 1976년에 정치적으로 입장을 달리하는 정치교육학자들 간에 '보이텔스바흐 합의'가 이루어졌다. 합의의 내용은 교화 또는 주입을 금지한다는 것, 학문과 정치에서 논쟁적인 것은 수업에 있어서도 역시 논쟁적으로 나타나야 한다는 것, 학생은 모든 정치적 상황과 그 자신의 이익(또는 이해관계)과 관련된 상황을 고려할 수 있고, 이해관계에 따라 당면한 정치적 상황에 영향을 끼칠 수 있도록 해야 한다는 것 등 세 가지였다.[17] 이에 따라 독일의 교육방법에서 두드러지는 점은 모든 교과서들이 토론식, 유도식, 체험식 방법을 채택하고 있고 강의식, 주입식, 강독식 방법은 심지어 해롭기까지 하다는 의견이 방법론의 주조를 이루고 있다(김원태, 2006).

노동인권 교육의 강화

경제교과서에 필수적으로 들어가야 할 노동인권 교육과 관련해서는 프랑스 경제교과서가 참고가 된다. 프랑스 고등학교에서 노사관계와 노동자의 권리를 다루는 교과는 '시민/법률/사회 교육'과 '경제사회학'이다. 이 가운데 전자는 모든 고등학생들이 의무적으로 배워야 하고, 후자는 일반계열(비실업계열) 고등학교에서 경제사회 전공을 선택한 학생들만 배운다. 그 내용을 보자. 우선 고등학교 1학년 공통과목인 시민교육 과목의 브레알(Breal) 출판사 교과서《시민/법률/사회 교육(Education civique juridique & sociale)》(2000)을 보면 1장 시민권과 관련된 새로운 표현들, 2장 변화하는 평등권, 3장 일터에서의 투쟁과 협상으로 구성되어 있다. 이 가운데 3장의 '주제 6: 노동자들의 집단적인 의사표시'에서는 'A 노동자들의 의사표시 — 토의 1: 프랑스에서 노동조합은 항상 민주주의의 중요한 행위자였는가? 토의 2: 협상은 시민권의 새로운 표현방법인가?'와 'B 단체교섭과 쟁의 — 토의 3: 시민들의 기본적인 권리를 제한하는 것은 가능한가? 공공분야의 파업권에 대해' 등의 주제가 다뤄진다. 그리고 '주제 7: 기업 속에서의 시민'에서는 'A 일할 권리, 일터에서의 권리 — 토의 1: 일터에서의 권리를 어떻게 이용할 것인가? 토의 2: 노동시장의 유연성은 일자리를 창출할 수 있는가? 노동자의 권리에 타격을 주는가? 토의 3: 불법취업을 막을 수 있는가?'와 'B 노동조건 — 토의 4: 35시간, 진보인가? 토의 5: 노동시장에서의 남녀차별을 어떻게 줄여나갈 것인가?' 등의 주제가 다뤄진다. 또 나탕(Nathan) 출판사의 교과서는 유명한 가전업체인 물리넥스(Moulinex)가 회사의 정리를 위해 직원들을 해고했을 때 노조원들이 파업에 돌입한 경우를 사례로 들고 있다.(박권일, 2006)

우리나라의 교과서는 집필진이 각 주제별 내용을 설명하는 것이 중심이 되고 자료의 제시는 사진이나 그림 등으로 국한되는 데 비해, 프랑스의 교과서는 대다수의 부분들에서 신문기사, 학술저서, 법규, 각종 삽화와 사진 등의 자료를 제시하고 집필진은 각 장의 도입부분과 제시된 자료에 관한 질문 및 연습문제 등만을 직접 집필한다(신선미, 2003, 195~198쪽).

일반계열 '경제사회학' 교과는 고등학교 1학년에서 선택과목으로 주당 2시간 30분을 배우고, 경제사회를 전공으로 선택한 학생들의 경우에는 2~3학년에서 전공필수로 주당 각각 5시간과 6시간씩 가르친다. 또 희망하는 학생의 경우 선택과목으로 주당 2시간씩 추가로 배울 수 있는데, 이 경우 2~3학년에서 경제사회학 수강시간은 주당 7~8시간에 이른다. 주당 총 수업시수가 최소 28시간 30분에서 최대 31시간 30분이라는 점을 고려할 때, 경제사회학에 배당된 수업시수는 상당히 크다고 할 수 있다(신선미, 2003, 213쪽). 경제사회 전공 교과서의 한 예로 나탕 출판사의 고등학교 2학년 교과서 《경제사회학(Sciences Economiques et Sociales)》(1re ES, 2001)을 보면 1부 사회기구와 조정, 2

부 시장경제와 사회, 3부 국가는 어떤 역할을 하는가 등으로 구성되어 있다. 그 가운데 경제를 다루고 있는 2부에서는 7장 기업과 시장, 8장 돈과 신용, 9장 저축의 투자, 10장 시장의 이론적 메커니즘, 11장 시장에서 문제가 되는 것, 12장 시장과 사회 등이, 3부에서는 13장 국가, 국민, 시민성, 14장 왜 국가가 개입하나, 15장 어떻게 국가가 개입하나, 16장 논쟁이 되고 있는 재분배 등이 다뤄지고 있다. 일반계 고등학교 경제사회 전공 3학년 《경제사회학(Sciences Economiques et Sociales)》(Terms ES, Nathan, 1999)은 도입: 발전하는 세계, 주제 1: 노동과 고용, 주제 2: 투자, 자본과 기술의 발달, 주제 3: 국제화와 세계화, 주제 4: 사회변화와 연대, 주제 5: 사회변화와 갈등, 주제 6: 사회변화와 불평등, 주제 7: 공공권력의 경제사회적 역할 등으로 구성되어 있고, 특히 주제 7에서는 경기대책, 구조정책, 복지국가와 사회통합, 새로운 분배를 위하여 등이 다뤄지고 있디. 일반계 고등학교 경제사회 전공 3학년 《경제사회학 부교재(Sciences Economiques et Sociales)》(Terms ES Option, Nathan, 1998)는 주교재에 실린 내용과 관련하여 사회과학 분야의 저명한 학자들이 쓴 대표적인 저서들을 발췌하여 싣고 있다. 이 부교재에 다뤄진 학자는 스미스, 맬서스, 리카도, 마르크스, 세이, 뒤르켐, 케인스, 슘페터, 베버, 토크빌, 피에르 부르디외 등 13명이다.

맺음말

중고등학교 경제교과서에 대한 우파들의 공세가 거세지고 있다. 일부 부르주아 경제학자들과 상공회의소, 전경련 등은 현행 중고등학교 경제교과서가 반시장, 좌편향으로 왜곡되어 있어 정정해야 한다고 주장한다. 최근에는 교육부까지 여기에 가세하고 있다. 교과서 비판자들은 한국의 경제성장이 노동자, 농민의 희생 위에 이룩되었다는 사실을 부정한다. 빈부격차 등의 문제는 어떤 체제에서든 존재할 수밖에 없는데도 경제교과서들이 시장경제에서 필연적으로 발생하는 문제로 서술한 것을 이유로 교과서가 반시장적이라고 비판한다. 또한 기업의 존재의의는 이윤확보에 있는데도 경제교과서가 기업의 사회적 책임을 과도하게 강조하고 있어서 반기업적이라고 비판한다. 이러한 기업에 대한 반감은 기업가의 창의적인 활동을 저해할 뿐 아니라 노동쟁의 등 비생산적인 노사갈등 구조를 야기한다고 비판한다.

그러나 앞의 검토에서 확인되었듯이 중고등학교 경제교과서에 대한 우파들의 비판은 허구적이다. 경제성장이 저임금, 저곡가, 재벌의 중소기업 지배 등 노동자, 농민의 희생 위에서 이루어졌다는 것은 부인할 수 없는 사실이다. 독점의 문제, 외부불경제의 문제, 공정한 소득분배 달성의 실패 등 시장실패는 미국의 표준 경제교육에서도 중요하게 다루고 있는 개념으로, 이에 따라 미국 경제교육은 시장실패를 교정하는 보이는 손으로서 정부의 역할을 강조하고 있다. 기업의 사회적 책임론은 1999년 시애틀 시위 이후 반자본주의, 반세계화 운동이 전세계적 규모로 격화되자 지배계급이 체제수호 차원에서 구사하고 있는 전술로서 반시장적이기는커녕 아주 친시장적이다. 또 현재 경제교과서는 실제로 지나치게 기업 편향적이고 노동자 인권을 경시하는 등 신자유주의 이데올로기의 역할을 하고 있을 뿐이다.

기존의 교육과정과 단절하고 새로운 교육과정을 수립해야 하며, 그것에 근거해 경제교과서를 완전히 새로 써야 한다. 이는 교육 관련 이해당사자들, 경제관련 고등교육기관, 교사, 학생, 학부모들의 민주적 참여를 통해 이루어져야 한다. 그리고 진보진영은 더 늦기 전에 경제교육 내용의 개혁, 경제교과서 내용의 민주적 개혁을 이데올로기 투쟁, 참교육 운동의 핵심과제로 삼을 필요가 있다. 진보진영의 존재이유가 시장과 다른 자원배분 방식, 자본주의와 다른 세계를 꿈꾸는 것에 있다면 시장과 자본주의 외에는 달리 사는 길이 없다는 관념을 감수성이 예민한 청소년 교육에서부터 주입하는 초중고 경제교육의 틀을 근본에서 깨뜨리는 것은 진보진영의 급선무다.

주석

1 중고등학교 경제교과서에 대한 우파의 비판에는 반시장적, 반기업적이라는 것 외에 "경제교과의 내용이 너무 어렵고, 경제교육이 현실경제를 이해하는 데 도움이 안 된다"는 것도 포함돼 있다. 후자에 대해서는 우리도 기본적으로 동의한다. 현재 고교 수능시험에서 일반사회를 선택하는 학생의 비율이 낮은 것도 부분적으로는 이 때문이라고 할 수 있다. 이 문제를 극복하기 위해서는 경제교육이 필수적인 것으로 더욱 강화돼야 하고, 교육방법도 현실생활상의 경제문제를 소재로 흥미를 유발할 수 있도록 개선돼야 한다. 이 글에서는 이 문제에 대한 논의는 하지 않고 전자의 이데올로기적 비판만 한정해 다루고자 한다.

2 여기서 주류경제학 혹은 부르주아 경제학이란 미국식 신고전파 경제학과 케인스 경제학을 통합한 신고전파 종합을 뜻한다.

3 이와 함께 외환위기의 책임을 기업으로 몰고 간 사회적 분위기, 과거 정권이 바뀔 때마다 기업의 잘못을 들춰내 처벌했던 관행, 규모가 큰 기업일수록 부당한 방법으로 부를 축적했을 수 있다는 점이 과소평가된 것 등도 원인으로 꼽았다. 대한상공회의소(2003).

4 "경제교육에선 '자본주의 중국' '사회주의 한국'", 〈조선일보〉, 2006. 3. 2

5 "佛 CPE 시위 '구시대적 경제교육' 때문?", 〈한국일보〉, 2006. 4. 10

6 "反시장 교육에 대한 프랑스의 때늦은 반성", 〈동아일보〉, 2006. 4. 11

7 류태하 · 김정섭, "한국의 반시장적 국민정서의 원인 규명-한국과 중국의 시장경제 교육 비교를 중심으로", 제1기 시장경제체험단 최우수 논문, 자유기업원, 2006. 2

8 권혁철, "기업이 바라본 반기업 정서", 〈문화일보〉, 2005. 12. 29

9 오늘날에는 저임금을 받는 외국인 노동자들이 이러한 불량주택에서 살고 있다.

10 이른바 '워싱턴 컨센서스(Washington Consensus)'가 각국 경제운영의 패러다임으로 자리 잡았다.

11 이는 '포스트 워싱턴 컨센서스(Post-Washington Consensus)'로 불린다.

12 그 대표적인 것이 지난 6월 증권투자의 큰 손으로 버크셔 해서웨이(Berkshire Hathaway)의 CEO인 워런 버핏이 마이크로소프트의 공동 창업자인 빌 게이츠가 운영하는 빌 앤드 멜린다 게이츠 재단(Bill & Melinda Gates Foundation)에 300억 달러(30조 원)를 기부하겠다고 발표한 것이다.

13 박상주 · 이제교, "사회공헌 · 1사1촌 운동 확산, 이웃-고향-기업 사랑 '쑥쑥'", 〈문화일보〉, 2006. 9. 29

14 이상 고등학교 노동인권 교육과 관련해서는 하인호 외(2004) 참조.

15 "19세기에 세계 제일의 경제력을 보유하였던 영국은 20세기 들어 소위 '영국병'이라 불리게 된 지속적인 생산성의 하락과 수출시장의 축소를 경험했다. … 1979년 보수당 집권 이후 영국 정부는 노조에 대한 강경정책을 실시하는 한편 민간경제의 활성화를 위해 공기업의 민영화, 규제 완화, 재정지출 삭감, 조직 개편 등을 추진했다. … 이러한 개혁의 결과 영국 경제는 다시 건강을 회복할 수 있었다."(고등학교 1학년 사회교과서, 디딤돌, 229쪽)

16 신자유주의 세계화 조건에서 마르크스주의적인 비판적, 혁명적 교육학의 역할에 대해서는
   McLaren(2003)을 참조할 수 있다.
17 다만 1980년대에 들어서는 이 합의가 개인적인 시각 외에 다시금 공익, 집단정체성, 또는 사회
   전체에 대한 책임과 연대의식을 강조하는 입장에 의해 부분적으로 보완됐다(김원태, 2006).

참고문헌

〈교과서〉

김진영 외, 2003, 《고등학교 경제》, 대한교과서

오영수, 2003, 《고등학교 경제》, 교학사

조도근 외, 2003, 《고등학교 경제》 (주)두산

〈연구〉

경상대학교 중등교육연구센터 편. 2003, 《제7차 교육과정과 교과서》, 교육과학사

교과서포럼 편, 2006, 《경제교과서 무엇이 문제인가?》, 두레시대

교육인적자원부, 2006, "주5일 수업제 대비 교육과정 개정시안: '현장 적합성 검토' 지침과 기준", 교육인적자원부, 한국교육과정평가원

권남훈, 2005, "초·중·고등학교 경제교육의 문제점과 개선방안", 한국선진화포럼 제3차 월례발표회

권혁철, "기업이 바라본 반기업 정서", 《문화일보》, 2005. 12. 29

김경모, 2004, "경제교육의 이해와 실천을 위한 틀", 《경제교육연구》, 11집, 1호, 109~136쪽

김경모, 2006, "사회적 역할과 연계한 학교 경제교육의 내용 선정과 조직 방안", 《경제학연구》, 52집 4호

김근영·최숙희, 2004, "청소년 경제교육의 현황과 과제", *Issue Paper*, 삼성경제연구소, 12

김병주 외, 1997, 《고등학교 경제교과서 분석》, 삼성경제연구소

김승욱, 2006, "중·고등학교 교과서에 나타난 경제이론 교육의 문제점", 교과서포럼 편, 《경제교과서 무엇이 문제인가》, 두레시대

김영석, 2006, "어설픈(?) 도발, 왜 교과서인가-보수학계, 아쉽고 곤란할 때마다 교과서 탓", 《중등 우리교육》 4월호

김영용, 2006, 《중·고교 경제 교과서의 내용 검토 및 개편 방향》, 한국경제연구원

김영, 2004, "청소년 경제교육의 바람직한 방향", 《경제교육》, KDI 경제정보센터, 2004년 봄호

김영용, 2003, "청소년 경제교육, 이렇게 하자", 《나라경제》, KDI 경제정보센터, 2003년 1월호

김영용, 2002, "고등학교 경제교과 과정 및 교과서 분석", 《경제교육연구》, 제8호

김원태, 2005, "외국 사회과 교육과정 및 교과서 내용에 비추어 한국 일반사회 영역 교육내용 아파하기", '사회과 교육과정 개정시안' 개발을 위한 전국사회교사모임 활동가대회

김정일, 2003, "학교 노동교육의 현실과 발전방향", 《노동교육》 여름호, 한국노동교육원

김정호, 2003, "제7차 교육과정의 경제교육 방향과 내용 체계", 《경제교육연구》, 제8권

김정호 외, 2005, 《사회과 교육과정 개정(시안) 연구개발》, 한국교육개발연구원

김종석 외, 2005, 《고등학교 경제분야 교과서(선택과목) 내용 분석》. KDI 경제정보센터

대한상공회의소, 2003. 8. 8, "우리나라 반기업 정서의 현황과 과제"

대한상공회의소 경제교육T/F팀, 2004. 2. 26, "경제교과서 관련 교육부 건의 결과 보고서"
대한상공회의소, 2005, "경제교육 현실에 대한 교사인식 조사"
류태하·김정섭, 2006, "한국의 반시장적 국민정서의 원인 규명-한국과 중국의 시장경제 교
　　　육 비교를 중심으로", 자유기업원 제1기 시장경제체험단 논문
바른사회를 위한 시민회의, 2005, "중고등학교 경제교과서 시장경제 관련부분 설문조사"
박권일, 2006, "[프랑스 교과서 분석] 노동악법 막은 힘, 교과서에 있었다", 〈월간말〉, 2006년
　　　5월호(통권 239호)
박명호, 2006, "청소년 경제교육의 문제점과 개선방안", 한국경제학회 경제학교육위원회 제1
　　　차 심포지엄 발표자료
박장현, 2003, "독일 학교 노동교육 실태", 《선진5개국 학교노동교육 실태》, 한국노동교육원
　　　연구보고 03-2
박효종, 2006, "교과서의 편향성 바로잡는 전도사로 나서겠다", 《월간조선》 3월호
송태수, 2004, "중·고교 사회과 교과서 노동교육 분석", 《이론과 실천》 2004년 6월호
송태수, 2006, 《한국 노동교육 내실화를 위한 정책대안 연구》, 한국노동교육연구원
신석하, 2004, "외환위기 이후 고용상황 변화에 대한 연구", 유경준 편, 《한국경제 구조변화
　　　와 고용창출》, 한국개발연구원
신선미, 2003, "프랑스 학교의 노동교육 실태", 《선진5개국 학교 노동교육 실태》, 한국노동교
　　　육원 연구보고 03-2
안현효, 2006, "중등과정 경제교과서의 분석: 교과과정 논쟁", 한국사회경제학회 발표논문,
　　　5. 13
이봉수, 2005, "교과서를 점령하라", 〈한겨레〉, 11. 1
이영훈, 2006, "중·고등학교 사회과 교과서에 그려진 한국경제의 모습", 교과서포럼 편, 《경
　　　제교과서 무엇이 문제인가》, 두레시대
이원보, 2005, "경제성장 신화와 빈곤 그리고 불평등", 〈내일을 여는 역사〉 22호
장상환, 2005, "이영훈 교수의 한국경제사 분석은 타당한가", 〈교수신문〉, 2005. 5. 9, 교과서
　　　포럼 편, 《경제교과서 무엇이 문제인가》, 두레시대, 2006에 수록
전국교직원노동조합, 2006, 《교육과정 새판짜기》
정갑영, 2004, "우리 사회 반기업 정서, 어떻게 볼 것인가", 한국경제연구원·〈헤럴드경제〉
　　　공동 세미나
정성진, 2005, "박정희 시대는 초과착취에 기초한 고도축적 시기", 〈교수신문〉 2005. 5. 31,
　　　교과서포럼 편, 《경제교과서 무엇이 문제인가》, 두레시대, 2006에 수록
정성진, 2006, "교과서 공세는 새 지배이념 세우려는 무리수", 《중등 우리교육》 2006년 5월호
조계완, 2006, "경제 교과서를 매우 쳐라", 〈한겨레21〉 제617호, 7월 6일
조동근, 2006, "중·고 교과서의 반시장주의", 《월간조선》 3월호
최병모, 2003, "제7차 사회과 교육과정의 체제적 분석: 제6차 사회과 교육과정과의 비교 분석
　　　을 중심으로", 경상대학교 중등교육연구센터 편
하인호 외, 2004, "청소년 노동인권 교육 개선방안 연구", 국회법제사법위원회 제출 연구보고서

황연수, 1995, "농산물 가격정책의 방향", 《한국의 농업정책》, 미래사

KDI 경제정보센터, 2005, 《초·중·고등학교 사회과 교과서 경제단원 내용 검토(국민공통기본교과)》, KDI

KDI 경제정보센터, 2006, 《초중고등학교 경제영역 교육과정에 관한 연구》, KDI

Armento, Beverly, Rushing, Francis, and Wayne Cook, 1993, "An Approach to Issue-Oriented Economic Education", Evans, Ronald and David W. Saxe(ed.), *Handbook On Teaching Social Issues*, National Council for the Social Studies.

Freire, Paulo, 2000, *Pedagogy of the Oppressed*(《페다고지》, 남경태 옮김, 2002, 그린비).

McLaren, Peter, 2003, "Critical Pedagogy and Class Struggle in the Age of Neoliberal Globalization: Notes from History's Underside", *Democracy and Nature*, Vol. 9, No. 1.

Schneider, Donald et al., 1994, *Expectations of Excellence: Curriculum Standards for Social Studies*, National Council for the Social Studies.

National Council on Economic Education; National Association of Economic Educators; Foundation for Teaching Economics, 1997, *Voluntary National Content Standards in Economics*, National Association on Economic Education.

Jane S. Lopus, 2003, *Capstone: Exemplary Lessons for High School Economics*: Teacher's Guide, National Association on Economic Education.

Jane S. Lopus, John S. Morton, Robert Reinke, Mark C. Schug, 2003, *Capstone: Exemplary Lessons for High School Economics: Student Activities*, National Association on Economic Education.

National Association on Economic Education, 2005, "What American Teens and Adults Know about Economics"

한국의 중고등학교 경제교육
_경제와 도덕

홍훈(연세대학교 경제학과)

머리말

이 글은 중고등학교 경제교육의 내용을 기존 교과서를 중심으로 분석하고 평가하는 데 목표를 둔다. 전반적으로 중고등학교의 경제교과서는 대학의 경제학 교과서와 마찬가지로 시장경제를 설명하고 옹호하는 데 중점을 두고 있다. 그럼에도 불구하고 중등 교과서는 대학 교과서와 비교해 경제활동에 있어 경제주체의 윤리나 도덕을 강조한다는 특징을 지니고 있다. 따라서 이 글은 경제교과서에 등장하는 도덕이라는 주머니 속에 무엇이 숨어있는지, 그 내용을 드러내는 네 중심을 두고자 한다. 대학교육 수준에서는 고급이론이라는 훈장 때문에 억압되었던 것들이 여기에 담겨져 있으리라는 추정이 논의의 동기다.

이 과제를 수행하기 위해 이 글은 첫째, 일반적으로 학교의 경제교육이 갖는 중요성과 한계를 논의한다. 둘째, 한국의 경제교과서에 등장하는 윤리와 도덕에 대한 우파의 편파적 해석을 비판한다. 셋째, 경제교과서에 등장하는 도덕이 담고 있는 것들을 보다 객관적으로 다양

하게 제시한다. 끝으로 넷째, 한국의 경제교육을 개선하기 위한 구도
를 포괄적으로 검토한다.

경제교육의
중요성과
한계   01

본격적인 논의에 앞서 교육과 경제 및 사회의 관계, 중등교육이 경제 관념의 형성에 있어 차지하는 비중 등에 대해 검토할 필요가 있다. 첫째, 교육이 경제사회를 규정하는지 아니면 반대로 경제사회가 자신에게 맞도록 교육을 규정하는지에 대해서는 논쟁의 역사가 유구하다. 이 글은 현상과 인식이 일방적인 관계에 있지 않고 적어도 단기적으로 상호작용하며 인식이 현실에 상당한 영향을 준다는 입장을 취한다. 이렇게 보면 교육이 인식을 형성하는 과정으로서 사회에서 중요한 기능을 발휘한다고 말할 수 있다.

가령 남한과 북한의 정치경제 체제는 각기 자신에게 합당한 경제학과 경제학 교육을 규정했을 것이다. 또한 북한의 정치경제적인 변동이 주체사상과 이에 상응하는 교육을 낳았고, 남한의 변동은 한때 유신체제와 그 이념을 낳았으며 이에 합당한 방식으로 교육을 변형시켰다. 그렇지만 반대로 주체사상의 세례를 받은 세대나 유신체제의 세대들이 그들이 받은 교육으로 인해 시차를 두고 자신들의 사고와 행위를 통해 나름대로 정치경제에 영향을 미쳤을 것이다.

더구나 '아는 것이 힘'이라는 추상적인 명제를 넘어서 지식이 곧 권력이고, 누가 무엇을 알고 있느냐는 사회 세력관계의 중요한 결정 요인이다(Lukes, 1974). 한국사회에는 학벌이라는 고유한 기제가 이런 세력관계에 착종되어 있다(홍훈, 2005a). 한국사회에서 교육은 인식을 형성하고 학벌 등을 통해 권력에 기반을 제공함으로써 사회에 상당한 영향을 미치고 있다.

둘째, 구체적인 차원에서 한국의 경제교육이 한국의 경제와 사회 발전과 어떤 인과관계를 가지고 있는지를 언급할 필요가 있다. 우리의 거의 모든 학문은 서양에 의존하고 있으며, 이 점에서 경제학은 선두에 서 있다. 그런데 자연과학과 달리 경제학을 포함한 사회과학은 보편과 특수의 고전적인 갈등에서 벗어날 수 없다. 이는 서양이론을 기계적으로 이식할 수 없음을 의미한다. 적어도 서양 사회과학 이론의 이식은 기계의 도입은 물론이고 동식물의 이식보다도 더 어렵다. 따라서 서양이론을 수입할 때는 비판적으로 수용하는 작업이 수반되어야 한다.

그런데 한국 경제학계는 서양이론을 비판적으로 수용하는 데서 부진하다. 이는 다른 분야 역시 마찬가지다. 전반적으로 해방 이후 현재에 이르는 한국 경제학의 역사는 양적인 성장과 질적인 답보라는 양면성을 가지고 있으며, 질적인 답보는 비판적 수용의 부족을 내포하고 있다(홍훈, 2005b). 한국 경제학에서 이론의 비판적 수용이라는 근본과제는 수학, 통계학, 그림표로 상징되는 유사 과학성과 사회과학 논문 인용지수인 SSCI(Social Science Citation Index)로 대체되고 있다. 북한이 마르크스주의를 해석하는 데 있어 교조적이었던 것만큼 남한은 미국의 신고전학파 경제학을 수용하는 데 있어 교조적이거나 피상적이었다고 추정할 수 있다.

비판적으로 수용되지 않았으니 이론이 현실에 원활히 적용됐을 가능성도 낮다. 또한 경제학 교육도 경제학적으로 추론하는 능력을 배양시키기보다 도식적인 개념의 주입을 위주로 삼아 피교육자의 경제적인 사고를 실질적으로 변화시키지 못했을 것이다. 입시 위주인 중고등학교 교육은 물론이고 입시의 여파로 허덕이는 대학교육도 이런 문제로부터 자유롭지 못하다. 그러므로 이념의 편향이나 비현실성과 무관하게 신고전학파를 중심으로 한 우리의 경제학 교육은 경제주체의 논리구조나 사고방식을 바꾸는 데 상당한 한계를 가지고 있을 것이다. 결국 대학 수준이든 중등학교 수준이든 우리의 전반적인 교육, 그리고 경제학 교육은 내용적으로 국민의 사고를 근원적으로 변화시키지 못했으리라고 추정할 수 있다.

셋째, 중고등학교의 경제 및 사회 교육이 한국사회 구성원의 경제관념 형성에 영향을 미치는 유일한 과정은 아니다. 정규 교육과정의 경제교육은 중고등학교와 대학으로 나뉘며, 대학의 경제학 교육은 경제학 주전공자와 부전공자, 고시준비생, 취직지망생 등을 대상으로 삼는다. 따라서 경제학자나 경제전문가를 제외한 대부분 사회구성원에게는 중고등학교의 교육이 거의 유일하게 경제교육을 받을 기회다. 그러나 경제과목이 선택사항인 한국의 교육 상황에서 경제에 대한 관념이나 의식이 전적으로 중고등학교의 교육을 통해 형성되었으리라고 주장하기 힘들다.

넓게 보면 삶의 현장 속에서 경험을 통해 습득되는 관념이나 의식,

특히 가정에서의 양육과정에서 형성된 관념과 사회진출 후 직장생활이나 생산현장에서 얻는 의식이 중요하다. 학교에서 배우는 것이 머리와 논리에 의존한다면, 삶 속에서의 배움은 주로 현실의 구체적인 상황에서 사례들을 관찰하고 모방하는 방식을 취한다. 이런 개인적인 과정에 침투하는 것이 정치체제와 언론 및 방송이다.[1]

플라톤이 주장한 바와 같이 어떤 정치체제 아래에서 살았는가는 학교에서 무엇을 배웠는가보다 더 큰 의미를 지닐 수 있다. 예를 들어 박정희 시대의 개발독재 체재는 학교교육과 무관하게 다수의 한국인에게 일정한 경제관념을 낙인찍었을 것이다. 또한 언론매체는 시시각각 변하는 경제상황을 특정 관점에서 해석해 보도함으로써 사회구성원의 관점과 판단에 막대한 영향을 행사한다. 한국의 학교교육이 부실하고 경제교육이 현실과 거리를 두고 있으므로 언론매체의 영향은 상대적으로 커질 수밖에 없다. 더구나 한국의 언론은 최근 들어 과거보다 선명한 이념적 색채를 드러내면서 영향력을 더욱 키워가고 있다. 비슷한 이유로 경제학자 외에도 경제관료, 대기업 간부, 경제연구소 연구원, 언론기관의 경제담당자 등이 경제에 대한 관점 형성이나 해석을 선도하고 있다. 예를 들어 대기업 총수의 발언이나 행동은 경제에 대한 관점을 형성하는 데 큰 영향을 미친다.[2]

그렇다면 우리의 경제(학) 교육은 경제 구성원들에게 과연 어떤 영향을 미쳤을까? 경제적 사고나 추론이라는 핵심적인 과정이 전달되지 않았다면 남는 것은 형해화된 용어, 가정, 결론일 것이다. 물론 다른 분야의 교육에서도 이와 유사한 결과를 예상할 수 있다. 그렇다면 우리의 경제 교육은 용어 암기, 가정의 기정사실화, 결론에 대한 수긍 등을 결과로 남겼을 것이다. 이는 마치 사서삼경이나 성경을 암송하는 것과 크게 다르지 않을 것이다. '인간은 이기적이고 합리적이다', '수요와 공급이 경제현상을 설명한다', '가격은 존중되어야 한다', '정부의 개입은 유해하다' 등이 그렇게 암송된 예들이다. 이에 따라 대학의 경제학 교육과 중고등학교의 경제교육은 시장경제에 대한 믿음을 낳고 지식인의 박식함을 장식하는 데 기여했을 것이다. 줄여 말해, 경제에 관한 한국의 중등교육과 대학교육은 시장경제의 이념과 단편적인 경제개념들을 한국인들의 미리에 주입했으리라고 추정된다.

우파경제학자의
비판과 오류

02

이제 중등 교과서에서 좌경화를 읽어내는 우파 경제학자들의 오류를 검토해보자. 최근 우파 경제학자들은 교과서에서 자신들의 입장에서 걸리는 부분들을 발견하고 예민하게 반응하면서, 이를 기업이나 시장에 반하는 것으로 규정하고 있다(김승욱, 2006). 이들 중에는 더 나아가 이를 좌경화로 규정하는 사람도 있다.

이런 우파의 비난은 교과서가 전체적으로 표방하는 시장주의를 놓고 볼 때 객관적으로 타당하지 않다. 기저에 시장주의가 깔려 있다는 점에서 중등 교과서는 대학 경제학교과서와 기본적으로 차이가 없다. 더구나 7차 교육과정의 결과로 나온 현재의 교과서는 6차 과정의 교과서보다 더 시장주의로 기울었다고 진단할 수도 있다(정성진, 2006). 우파 경제학자들이 반기업이나 반시장으로 몰아간 부분을 중립적인 시각에서 보면, 그것은 윤리나 도덕의 개입에 불과하다. 그리고 이것이 대학 교과서와 중등 교과서의 차이라면 차이다.

　구체적으로 대학의 경제원론과 달리 중등 교과서는 경제이론을 한국의 현실문제에 적용하는 과정에서 경제이론에서 말하는 바와 같이 경제주체들이 행동할 경우에는 문제가 발생할 수 있다고 지적한다(경제 및 사회 교과서 참조). 특히 경제주체들의 도구적인 합리성이 사회 전체적으로 비합리적인 결과를 낳을 수 있음을 인정하면서 그 해결책으로 윤리나 도덕을 내세운다. 과소비에 대한 비판이나 바람직한 소비라는 규범의 제시, 사회적 책무를 갖는 기업가에 대한 강조 등이 그 예다. 보다 극단적으로는 합리적 소비와 바람직한 소비의 괴리를 강조하면서, 이런 괴리의 문제를 해결하기 위한 윤리나 공동체 정신을 부각시키고 있다(《경제》, 대한교과서, 106~107쪽).

　윤리는 자발적으로 공동체의 이익을 고려하도록 유도하는 장치이고, 법은 강제적으로 사회질서를 유지하는 방법이다. 자본주의가 확산되기 이전에 윤리와 법은 사회를 유지하는 두 가지 축이었다. 경제학은 스미스라는 시작점에서부터 경제를 윤리와 법, 혹은 국가로부터 해방시키는 데 주안점을 두었다. 그동안 경제학의 영역은 지속적으로 넓어져 이제는 정치 등 여타 사회현상뿐만 아니라 물리학, 윤리학, 심리학, 생물학 등으로도 진입하고 있다(Hirshleifer, 1985). 특히 신자유주의가 확산되고 있는 오늘날 경제학은 '사회과학의 제국주의자(social science imperialist)'로서 경제논리를 통해 윤리나 도덕, 그리고 법을 설명하고 있다(홍훈, 2006, 8~10쪽).

　한국의 중등학교 경제교과서는 기껏해야 부분적으로 윤리적인 경제나 공동체주의를 주창하고 있다. 공동체주의를 반기업이나 반시장과 동일시하고 심지어 좌경화로 간주하는 우파 경제학자들은 정치이념과 경제학의 역사에 대해 보다 깊은 성찰을 할 필요가 있다.

먼저 정치 및 경제 이념에 대해서는 '우파 아니면 좌파'라고 단정하기보다 삼각구도를 설정하는 것이 적절하다. 체제로 보아 자본주의, 사회민주주의나 시장사회주의, 사회주의의 구분이 그 예다. 또한 사상의 측면에서 사회학을 보면 콩트(A. Comte), 마르크스(K. Marx) 외에 베버(M. Weber)가 있다. 경제학의 역사를 보면 고전경제학이나 한계효용학파뿐만 아니라 케인스(J. M. Keynes)와 리카도(D. Ricardo)가 있고, 아리스토텔레스(Aristoteles)와 폴라니(K. Polanyi)도 있다. 따라서 주류 경제학 이외의 모든 조류를 좌파로 몰아가는 것은 타당치 않다. 특히 윤리와 도덕을 강조했던 역사학파는 공동체나 국가에 의존하면서도 자본주의에 우호적이며 보수적인 사조였다. 역사학파를 사회주의와 동일시한다면 이는 커다란 오류다.

그런데 한국의 신고전학파가 이런 단순한 해석에 빠져든 상황에 대해서는 어느 정도 해명이 가능하다. 우선 진빈적으로 주류 경제학자는 경제학 교과서의 이론을 현실이자 이상으로 삼기 때문에 여기서 벗어나는 모든 것은 이탈이거나 불완전함으로 간주한다. 이들에 의하면, 예를 들어 시장이 완전경쟁에서 벗어나면 비정상이거나 바람직하지 못하다.

보다 근본적으로 주류 경제학은 방법론적 개체주의(methodological individualism), 최적화 행동(optimizing behavior), 그리고 선호의 외생성(exogenous preferences)을 특징으로 한다(Bardhan & Ray, 2006, 660쪽). 개체주의는 분석단위를 개체나 개인으로 설정함으로써 계급이나 계층 혹은 사회구조를 배제한다. 최적화 행동의 논리는 모든 경제주체나 사회구성원들이 이기적이어서 언제나 타인을 고려하지 않고 자신의 이익을 최대로 만드는 데 진력한다고 보며, 습관이나 관습이 빚어내는 결과는 예외로 삼는다. 끝으로 선호의 외생성이라는 전제에 의하면 인간의 기호나 신념, 가치관은 사회변동과 무관하게 주어져 있다.

이같이 주류 경제학은 경제주체를 윤리나 도덕과 무관하게 자신의 이익을 극대화하는 존재로 설정하고, 시장 자체도 이와 무관하게 존재한다고 상정한다. 이에 따라 현실경제에서 윤리나 도덕의 역할은 찾을 수 없으며, 이를 경제주체에 강요할 수도, 강요해서도 안 된다. 실제로 이런 논리에 따라 프리드먼(M, Friedman) 같은 극단적인 시장주의자는 이윤추구가 기업가의 유일무이한 목표라고 강조한다. 시장이라는 동물의 왕국에서 자비심이나 자선은 사치나 허영이다. 상급의 이론에 이르면 경제학은 장기적으로 개인이나 사회에 이익이 되기 때문에 윤리나 도덕이 발생, 유지, 변경된다고 해석한다.

그렇지만 과연 교과서에서 이론적 편의를 위해 가정한 바와 같이 현실경제에서 윤리나 도덕이 배제될 수 있는지, 혹은 윤리나 도덕이 경제논리로 분해될 수 있는지에 대해 주류 경제학의 주변에서조차 의문이 제기되고 있다. 우선 경제활동을 포함해 인간행동을 설명하는 데 있어서 규범의 역할이 부각되고 있다(Elster, 1989; Hausman & McPherson, 1993). 또한 행동주의 경제학(behavioral economics)이나 실험경제학(experimental economics)에서는 최적 이하의 수준에서 균형이 성립되는 경우가 발견되고 있다. 더불어 교과서에 가장 근접한 미국경제에서조차 기업의 제품가격 인상이나 임금 삭감 등에 있어 준거수준(reference)에 비추어 공정성(fairness) 여부가 판정된다는 사실이 주류 경제학에 의해 제시되었다(Akerlof, 1982; Kahneman et al., 1986).

뿐만 아니라 이타적/윤리적/도덕적(altruistic/ethical/moral) 행위가 기업 등 경제주체에게 반드시 비용인상을 초래하지 않는다는 주장도 있다. 이에 의하면 노사간의 우호적인 분위기 조성, 아동노동 금지, 친환경적 생산과정의 도입, 윤리적인 실험방식의 채택 등 윤리적 행위가 협동을 조장해 생산성을 증가시키고 기술개발을 촉진한다. 또한 이런 것들이 적절히 소비자에게 알려지는 경우 수요를 자극해 비용을 절감하므로 오히려 시장에서 기업의 생존능력을 강화시킨다(Altman, 2005).

이에 대한 미국 경제학계의 논란을 접어두더라도, 서양이론이 한 반도로 넘어오면서 우파 경제학자들을 포함해 한국의 지식인들 대부분이 안고 있는 한계로 인해 추가적인 문제가 발생한다. 한국의 학자들은 대부분 인문사회과학에 대해 폭넓은 시야를 갖추고 있지 못하기 때문에 전공분야라는 미명 아래 각자의 좁은 울타리 안에 갇히는 경향이 있다. 이렇게 되면서 학문의 분업은 전문화를 지향하기보다 각자의 영역을 지키려는 욕망으로 퇴색되고, 자신의 영역에서 배운 것에 대한 교조적인 집착이나 다른 영역에 대한 본능적인 배척으로 이어진다. 그렇기 때문에 한국의 우파 경제학자들은 철학, 정치학, 사회학에서 언제나 문제가 되는 윤리나 도덕, 공익, 사회정의 등을 거의 의식하지 못한 채 인간이 언제나 이기적이며 가격은 존중되어야 한다고 일방적으로 외치는 경향이 있다. 또한 경제학자들은 교과서에서 상정하는 단순한 인간형이나 경쟁시장에서 벗어나는 것을 이탈이나 불완전함으로 규정하는 데 익숙하다.

그런데 이제 주류 경제학자들의 이런 수준을 넘어서 한국의 우파 진영은 이를 좌경화로 규정하고 있다. 불완전성에서 좌경화를 읽어내게 된 데는 1997년 경제공황 이후에 본격화된 신자유주의와 세계화의 흐름이 크게 기여했을 것이다(홍훈, 2004). 신자유주의와 세계화는 대안을 인정하지 않는 자본주의와 미국의 견제 없는 독주를 특징으로 한다. 그러나 이런 영향으로 인한 우파 경제학자들의 판정 역시 이념의 시비를 떠나 주변 다른 학문의 논리를 전혀 의식하지 않는 무모함을 드러내고 있음을 지적하지 않을 수 없다.

한국 우파 경제학자들의 이런 성향은 사상의 자유나 교육의 중립성이라는 기준에 비추어 보아도 문제가 있다. 학문에서는 여러 입장들이 공존해야 하며, 교육에서는 최대한의 중립성이나 독립성이 유지되어야 한다. 경제에 대한 관점을 극단적인 시장주의로 획일화하고 이것만을 학교에서 교육해야 한다는 입장은 위험하다. 여기에 더해 교육내용을 결정하는 데 있어 특정 경제주체와만 일방적으로 연대한다면 더욱 심각한 문제다. 이 점에서 우파 경제학자들이 기반으로 삼는 미국 주류 경제학의 입장을 참고할 필요가 있다.

미국 경제학계에서 경제교육에 대한 논의는 독일 유학파들이 귀국한 직후부터 시작되어 1세기 이상의 역사를 가지고 있다(Hinshaw & Siegfried, 1991). 여기서도 교육의 내용은 점차 신고전학파나 시장주의를 주조로 삼게 되었다. 그렇지만 이념공세보다 경제에 대한 지식 보급이라는 어느 정도 순수한 입장에서 경제교육에 대한 관심이 생기게 되었다(Walstad, 2001, 208쪽). 최근 들어 다수가 합의한 미국의 경제교과서를 보면 그 내용이 아래와 같은 20가지 원리와 40~50개의 주요 개념으로 구성되어 있다(Siegfried & Meszaros, 1997, 250~251쪽; Walstad, 2001, 198~199쪽). 여기에는 시장경제에 요구되는 제도로서 노조와 비영리기구가 포함되어 있으며, 기업가뿐만 아니라 노동자나 소비자 등 다양한 주체들의 역할이 명시되어 있음을 주목할 필요가 있다.

1. 희소한 자원의 적절한 선택: 희소성, 기회비용, 상충관계
2. 편익과 비용을 고려한 한계적 선택: 한계분석, 비용편익분석, 효용
   극대화, 이윤극대화
3. **기본적인 경제문제와 경제체제: 시장, 계획, 경합, 힘**
4. 유인체계의 중요성: 보상, 징벌, 반응
5. 교환의 이익: 물물교환, 자발적 교환의 이익, 소비자/생산자 잉여,
   무역장벽, 수출입
6. 특화와 무역: 특화, 분업, 상호의존성, 생산성, 거래비용, 비교우위
7. 시장에서의 가격결정: 시장, 상대가격, 균형가격, 균형을 향한 시
   장의 조정
8. 가격변동과 수급조절: 수요와 공급, 시장의 배분, 시장의 상호의존
   성, 수급의 평행이동, 시장의 동학, 부족과 과잉
9. 경쟁과 진출입: 구매자와 판매자의 경쟁, 보이지 않는 손, 진입, 정
   보, 담합, 혁신
10. **시장의 작동을 위한 제도: 금융제도, 노조, 비영리단체, 법인, 재산권**
11. 화폐의 역할: 화폐의 정의, 물물교환, 거래비용, 가치저장, 환산단
    위, 통화공급, 신용창출
12. 이자의 기능: 실질/명목 이자율, 시간 선호율, 물가인상 기대, 위
    험, 투자/저축 유인
13. 소득분배: 인적자원, 생산성, 임금 및 봉급, 노동시장의 조정, 한
    계가치생산물
14. **사업가와 이윤: 기업가정신, 혁신, 새로운 사업의 형성, 위험, 유인**

15. 투자와 생활수준의 향상: 생산성, 인적자원, 물적자원, 기술변화, 경제성장, 생활수준, 투자와 소비의 상충, 연구와 개발

16. **정부의 필요성: 과세, 정부지출, 외부효과, 공공재, 자연독점, 반독점 법, 재산권, 소득의 재분배, 비용편익분석**

17. 정부의 실패 가능성: 정부실패, 집단행위의 선택, 무역장벽, 가격 통제

18. 국내총생산과 물가의 결정: 국내총생산, 승수, 순환, 명목/실질 총생산, 잠재 총생산, 총공급, 총수요, 거시경제의 균형

19. 실업과 물가상승의 폐해: 물가상승, 노동력, 실업률, 화폐의 구매력, 완전고용, 소비자물가 지수, 예상 물가상승률, 물가상승의 분배효과, 물가상승의 비용

20. 재정정책과 통화정책: 화폐와 물가상승, 통화정책, 재정정책, 구축효과, 예산의 적자와 흑자, 국가채무

경제교육의 방법에 있어서는 고등학교의 정해진 교육시간에 효율적으로 경제교육을 수행하기 위해 역사, 정치, 지리 등 다른 과목과 결합시키고 이들 과목에 경제를 이입시키는 방법(infusion)이 제안되었다(Walstad, 1992, 2025~2030쪽). 예를 들어 역사 시간에 대공황을 단순히 역사적인 사건이 아니라 경제현상으로서 경제학 개념을 사용해 설명한다.

그런데 결합 과정에서 정부개입의 필요성, 정부의 효율성, 정부계획의 중요성 등 정부의 역할에 관해 경제와 여타 사회과목 사이에 입장의 차이가 드러나 논란이 되었다(Walstad, 1992, 2041쪽; Walstad, 2001, 205쪽). 이와 더불어 여타 사회과목에서는 시장의 역할, 수요와

공급, 경쟁 등에 대한 언급이 드물고 대신 계급투쟁, 착취, 제국주의, 경제적 종속, 경제성장의 비용으로서 환경공해나 독점 등이 강조된 것도 차이로 나타났다(Buckles & Watts, 1998). 그런데 한국에서처럼 윤리나 도덕 혹은 공동체주의는 문제되지 않았다고 하며, 이로 미루어 한국의 교과서 문제에는 한국사회의 특수성이 담겨 있을 것으로 추측할 수 있다.

이와 관련해 미국의 경제학계가 연구에서뿐만 아니라 교육에 있어서도 여러 다양한 이념들의 공존을 위해 고민했음을 주목할 필요가 있다(Walstad, 1992, 2034~2035쪽). 어떤 학자들은 시장경제 위주의 표준안이 유익하거나 적어도 무해하다고 주장하나, 다른 학자들은 그것이 이론(theory)이 아니라 이념(ideology)을 이식하는 데 불과하다고 반박했다(Nelson & Sheffrin, 1991). 나아가 마르크스나 슘페터의 견해에 따라 경제이론 자체가 원초적으로 이념이므로 위 표준안이 이론이자 이념이라는 주장까지 제기되었다(Heilbroner, 1987).

미국의 주류 경제학계는 이런 논쟁을 존중해 사상의 자유와 다양성을 지향하면서 시각이나 입장의 획일성을 경계했다. 극단적인 시장주의자인 시카고 대학의 스티글러조차 학문의 중립성이나 독립성을 들어 교과서의 내용이 특정 이념에 편중되는 데 대해 우려를 표시했다(Stigler, 1963; Walstad, 1992, 2033쪽). 그는 1960년대 경제교육의 내용에서 극좌와 극우의 견해가 제외된 것을 지적하면서 여러 종류의 독점 중 사상의 독점이 가장 위험하다고 주장했다. 또한 주류 경제학의 이념적 성격을 부정하고 이론적 강점을 신뢰하는 학자조차 중등학교의 경제교육이 교사들에 의해 다양하게 전개되기를 기대했다(Baumol, 1988, 329쪽). 끝으로 위에서 제시된 교과내용은 학계 내의 합의에 근거해 도출된 것이며, 동시에 다른 대안적 시각들을 배제하지 않는 것으로 해석되었다(Siegfried. & Meszaros, 1997, 249쪽).

　뿐만 아니라 양차 대전 사이에 미국의 경제학을 자본주의 세계의 중심으로 끌어올린 미국경제학회(American Economic Association)는 후기의 이념적 편향에도 불구하고 일관되게 학문의 독립성과 중립성이라는 원칙을 견지해 왔으며, 특히 기업의 이익이 개입될 때 예민하게 반응해 왔다(Coats, 1985, 1710쪽). 이 학회는 미국에서 중등 교과서의 내용이나 형식 등 권장기준을 마련하는 데 결정적인 역할을 발휘했으면서도 이를 학회의 입장과 동일시하지 않았다. 또한 이 학회는 경제교과서와 관련해서도 특정 정파에 얽매이지 않아야 한다는 입장을 반복해서 천명했다(1708쪽, 1729쪽). 더구나 이 학회는 매카시즘이 지배하던 시대에 급진적인 입장의 교과서를 금서로 만들려는 시도들에 저항했다.

　경제교과서와 관련해 미국경제학회는 경제발전이사회(Council for Economic Development)로부터 지원을 받아 경제교육합동이사회(Joint Council on Economic Education)와 국립경제교육전담반(National Task Force on Economic Education)을 만들었다(Walstad, 1992, 2019쪽, 2044쪽). 경제교육합동이사회는 업계, 노동계, 교육계, 정부 등 각계 지도자들의 필요에 의해 비영리적이고 비파당적 조직으로 1949년에 생겨났다. 이 조직은 주별 이사회의 분화된 연결망에 의존했으며, 주별 이사회 역시 별도의 비영리적이고 비파당적 조직으로 움직였다. 끝으로 경제발전이사회는 비영리, 비파당적인 독립기관을 자임했고, 1960년에 생긴 경제교육전담반도 미국경제학회나 이사회로부터 독립적으로 활동했다.

　이런 미국의 전례에 비추어 볼 때 한국의 우파 경제학자들이 취하고 있는 입장에는 학문의 중립성, 사상의 다양성, 교육의 독립성, 노조나 정부의 역할 등과 관련해 여러 가지 문제가 있음을 알 수 있다. 1970~1980년대에 정부가 국민의 노동을 물적으로 동원한 데 이어 이제 교과서 문제를 통해 대기업과 우파진영이 국민을 정신적으로 동원하려는 듯이 보인다.

도덕의
개입에 관한
대안적 해석　　　　　　　　　　03

중등학교 교과서가 의존하거나 호소하는 윤리나 도덕은 주류 경제이론에서 화석화된 윤리나 도덕과 차이가 있을 뿐만 아니라 역사학파나 아리스토텔레스 등 철학자들이 내세운 윤리나 도덕보다 복합적이다. 그러므로 이념적 편향에서 벗어나 애정을 가지고 중등 교과서에 등장하는 윤리적인 요소들을 분석하면 보다 다양한 해석의 가능성들을 제시할 수 있다.

　이후의 논의에서는 가능한 해석들을 개별적으로 논의하고 평가한 후 그것들을 종합해 보고자 한다. 중등 교과서에 등장하는 윤리적인 요소들은 경제나 경제학에서 실제로 도덕이 문제가 되는 경우와, 전혀 별개의 요인이 도덕으로 둔갑한 경우가 뒤섞여 있다. 전자에는 윤리의 불가피성이나 윤리의 지체, 중등학교 경제교육에서 개인행동의 중요성, 한국식 자본주의의 특징과 IMF 관리 이후 진행된 개혁 및 갈등, 그리고 경제성장 과정에서 드러난 재벌의 부도덕성에 대한 반발

등을 들 수 있다. 후자에는 사회과학에서 경제학의 특수성, 경제이론과 한국의 경제현실의 괴리, 한국교육의 파시즘 등을 지적할 수 있다. 끝으로 이들 모두에는 자본주의 및 한국 자본주의와 관련되는 부분과 경제학 및 한국의 경제학과 관련된 부분이 공존하며 이념, 이론, 현실이 혼합되어 있다.

첫째, 한국경제에서 경제와 윤리의 분화가 제대로 이루어지지 않았거나 양자의 위치가 제대로 설정되지 않았으며, 이런 상황이 의식적 혹은 무의식적으로 경제교과서에 반영되었다고 해석할 수 있다.

자본주의의 지배적인 유형인 영미 자본주의는 윤리 및 도덕과 정치 및 법으로부터 독립성을 갖는 시장경제를 추구해 왔으며, 이런 경향은 세계화가 지배하는 20세기 말부터 더욱 거세지고 있다. 주류 경제학은 이를 당연시했고, 뒷받침했고, 촉진했다. 또 한편으로 윤리의 내적인 구속과 정책 및 법의 외적인 제약에서 벗어나 이기심에 따라 움직여 경제적 자유를 누리고 그 결과로 발생하는 가격과 경제의 자생적인 변동을 최대한 허용해야 한다고 주류 경제학은 생각했다. 이에 따라 경제활동을 위시한 사회활동과 도덕의 분리를 가장 치열하게 주장해 온 분야가 경제학이다. 달리 보면, 경제학은 경제에 친화력을 갖는 방향으로 도덕을 재구성해 왔다. 가령 스미스의 《도덕정조론》은 고상한 윤리나 도덕의 근거를 옳고 그름에서 즐거움과 괴로움 등 감정으로 바꾸어 세속화했다.

그럼에도 불구하고 근대사회의 역사를 보면 경제와 윤리의 분리나 윤리의 세속화가 과연 가능한지 확실치 않으며, 가능하더라도 상당기간이 소요됨을 알 수 있다. 실상 주류 경제학의 틀 안에서도 윤리나 도덕이 사라졌다기보다는 억압된 데 불과할 수도 있다. 비록 교과서 수준에서는 인간이 이기적이라고 간단히 처리하지만, 고급 이론에서는 이기심을 있는 그대로 받아들이지 않고 도덕이나 규범에 의해 계몽된 이기심(enlightened self-interest)으로 규정한다(Hausman & McPherson, 1993). 이같이 개인의 이익을 달리 정의하면 가격기구와 정부의 역할에 변화가 온다.[3]

둘째, 한반도에는 전통사회의 윤리나 도덕이 확연히 청산되지 않은 상태에서 자본주의가 이식되었다. 자본주의 체제와 특히 경제학이 상당부분 서양에서 수입되었다. 이때 서양에서도 이념과 무관하게 상당기간 지속되었던 시장경제에 대한 반발이 한반도에서는 자연스럽게 해소되기보다 억압되어 내면에 잠복했을 것으로 추정된다. 더구나 고도압축 성장이 지난 30년간 한국경제의 특징이라면, 그만큼 내적으로 억압된 시장경제에 대한 반발도 클 수밖에 없다.[4]

혹자는 한국경제에서 시장이 억압되어 암시장이나 사채시장 등이 나타나고 경제가 이중구조를 가지게 되었다고 주장한다. 그러나 사실상 억압된 것은 시장이라기보다, 서양에서도 장기간 지속되었던 시장에 대한 자연스런 반발이다. 이런 이유로 시장에 대한 표면적인 믿음은 실질적인 불신에 의해 수시로 붕괴되어 왔다. 또한 이런 상황에서 시장경제에 대한 진정한 신뢰나 비판은 보다 어려운 과제가 되었다.

그러므로 내면에 깔려 있는 반발이 대기업이나 우파진영의 정신적인 동원령이나 세뇌로 불식될 수 없다. 오히려 우리 현실경제의 구체적인 문제들 속에서 경제이론이 부단히 시험받고 평가되면서 이런 문제들이 해소될 것이다. 이런 관점에서 시장경제를 신봉하는 우파 경제학자들도 무엇보다 먼저 시장경제에 대한 억압된 반발을 이물질처럼 생경하게 취급하기보다 우호적으로 이해할 필요가 있다.

셋째, 한국의 자본주의는 윤리에 의존하는 경향이 높다. 잘 알려진 바와 같이, 독일과 일본의 자본주의는 영미 자본주의와 달리 장기적인 거래관계, 평생고용 관행, 기업의 사회적 책임, 주거래은행 제도, 행정부에 대한 의존 등을 특징으로 한다(홍훈, 1999, 25~82쪽). 이는 독일식 자본주의가 경제주체들에게 보다 강하게 윤리를 요구하고 공동체적 가치를 지향한다는 것을 의미한다. 족벌이나 학벌, 그리고 부정부패 등의 특징에도 불구하고 한국의 자본주의는 일본식 자본주의와 유사하다.[5] 그러므로 한국의 경우에도 윤리나 도덕이 경제에 지속적으로 영향을 미쳤다고 볼 수 있다.

더구나 일본식 자본주의에 가까운 한국의 자본주의가 1997년 경제공황 이후로 이식돼 온 미국식 제도와 단기적으로 갈등을 빚으면서 도덕에 대한 의존을 강화시켰을 가능성이 있다. 경제공황 이후 추진되고 있는 노동시장의 유연성, 회계의 투명화, 사외이사의 도입, 국제결제은행(BIS) 자기자본 비율의 일률적인 상향 적용, 주식시장 육성 등의 제도적 변화들은 미국식 자본주의를 지향하는 것이었다. 이로인해 한국식 제도와 미국식 제도 사이에 발생한 긴장이 의식이나 인식을 통해 도덕으로 전화되었다고 추측할 수 있다.

넷째, 중고등학교의 교과서는 경제학 이론의 교육이라기보다 경제교육을 지향한다.[6] 대학의 경제학 교육이 경제의 운행을 설명하고 이에 대한 정책을 모색한다면, 중고등학교의 경제교육은 사회구성원이나 소비자, 생산자, 노동자 등 경제구성원으로서 경제를 이해하고 자신의 이익이나 권리를 지키며 살아가도록 도와주는 데 주목적을 둔다. 소비자로서 현명해야 하고, 노동자로서 자신의 권익을 찾아야 한다고 가르치는 것이 경제교육의 당연한 방향이다.

이를 위해서는 경제현상에 대한 설명을 경제주체들의 행동강령으로 바꾸어야 한다. 현행 중등학교의 경제교육도 부족하긴 하나 대학의 경제원론과 달리 경제활동을 위한 행동강령을 제시하는 데 목표를 두고 있다. 이런 목표로 인해 가격기구의 움직임이나 정책보다 사회구성원의 행위나 행동에 초점을 두고 장기적인 관점보다 단기적인 관점을 강조하는 경향을 가지게 된다.

또한 경제의 운행이 정치, 법, 정책, 윤리, 사회, 문화와 무관하게 진행된다고 보는 경제학의 교과서적인 논리에는 한계가 있으며, 경제주체의 활동에 관한 한 이런 생각은 많은 한계를 가지고 있다. 경제학 교과서에서 말하는 바가 현실이라면, 각자는 법의 테두리 안에서 자기 이익만 추구하면 된다. 그러나 이런 생각은 현실경제, 특히 한국 현실경제의 경제주체들에게는 거의 허구에 가깝다. 더구나 현실경제의 구성원은 단순히 경제주체일 뿐만 아니라 사회구성원이고 시민이다. 이 점이 중고등학교에서의 경제교육이 법이나 규정뿐만 아니라 윤리나 도덕과도 쉽사리 연결되는 이유로 추정된다.

다섯째, 경제성장 과정에서 드러난, 재벌이나 대기업을 위시한 경제주체들의 부도덕성에 대한 반발이 교과서에 반영되었을 가능성이 있다. 한국경제의 성장과정에서 지속적으로 등장했고 현재도 수시로 등장하는 경제주체들의 부도덕한 행위, 특히 대기업의 여러 가지 부도덕한 행위가 국민 전반에 윤리나 도덕에 대한 의식을 자극했고, 이런 것이 교과서의 내용에 삽입되었다고 볼 수 있다. 그리고 부정부패에 대한 당연한 방책으로 경제주체의 윤리나 도덕이 강조되었다고 해석할 수 있다. 사실 정치가, 고위관료, 대기업 총수 및 간부, 은행 간부 등 한국의 '지도층'은 자신들이 대중에 대해 가지고 있는 우월감에 상응하는 도덕성이나 자긍심을 갖추지 못하고 있다. 그런데 이런 부도덕성이 대기업에 집중되면서 반감을 강화시켰을 것이다. 이런 이유로 '지도층'에 부과되는 윤리와 도덕이 다소 부당하게 여타 경제주체들에게 연장된 것으로 보인다.

지금까지의 논의와 달리 전혀 별개의 요인들이 윤리나 도덕으로 둔갑했을 가능성도 있다.

첫째, 인문사회과학에서 경제학이 보이는 독특함과 사회에서 경제활동이 외견상 드러내는 특수성에 대한 반발이나 이에 대한 희석의 작용이 도덕으로 포장될 수 있다. 주류 경제학 혹은 자본주의 경제학은 인간의 이기심을 강조하며, 사회과학이면서도 자연과학적인 논리와 독특한 방법에 의존한다. 인문과학이나 다른 사회과학에서는 인간 공통의 가치나 이타심을 강조하는 데 비해 상업사회(commercial society)와 상인의 행동에서 출발한 경제학(과 경영학)에서는 인간이 이기적이라고 전제한다.

더불어 사회현상 중에서 경제현상이 압도적으로 수량적이며 의식주 해결이라는 문제가 시공을 초월해 존재하므로 여타 사회활동에 비해 시간이나 공간상 보편성을 갖는다는 생각을 갖게 만든다. 또한 인문과학이나 여타 사회과학과 달리 20세기 초부터 수학적 엄밀성과 통계학의 검증능력에 의존해 왔다는 것도 경제학의 특수성을 강화시킨다.

이런 이유들로 인해 경제학이 여타 사회과학들과 쉽사리 결합되지 않는 경향이 있다. 최근 들어 주류 경제학이 다른 사회과학에 침투하면서 경제와 인문사회과학 사이에 갈등이 증폭되고 있다. 예를 들어 교육학이나 교육행위가 주류 경제학이나 자본주의 경제와 불화하고 있다. 교육학은 교육 그 자체를 목표로 삼거나 인격함양이나 시민 육성 등 물질이나 돈을 넘어서는 가치를 지향한다. 이에 비해 경제학은 교육이 숙련이나 기술의 함양을 목표로 한다고 보면서 산업의 수단으로 간주한다. 그런데 학생들에게 '야망을 가지라'고 교육하거나 자신의 권리를 찾으라고 가르칠 수는 있어도 '이기적이 되라'고 가르치기는 쉽지 않다. 보다 근본적으로 학교와 산업, 혹은 정신과 물질의 대립이 여기서 문제된다.

이 문제에는 경제학의 성격이나 역사뿐만 아니라 경제학을 수입해 소화하는 한국 학계의 한계도 연루되어 있다. 한국 학계의 분야별 고립성이나 분파적 성격, 혹은 학제나 학교 사이의 협조나 연구의 결여로 인해 이 갈등은 더욱 심각하다. 이런 고립성이나 분파성은 학문적 분업이나 독립성으로 위장되어 정당화되는 경향이 있다. 가령 인간이 합리적이고 이기적이라는 경제학의 주장에 대해 철학계, 정치학계, 사회학계의 다수는 동의하지 않는다. 그럼에도 불구하고 이에 대해 여러 학문들 사이의 논의가 전무에 가깝다는 것이 우리 학계의 실정이다.

이같이 대학 수준에서는 학문적 분업 등으로 해소되지 않은 채 숨겨져 있던 갈등이 중고등학교 교과서의 사회과목에 집결되면서 보다 투박하게 드러난 것이 경제교과서 문제라고 해석할 수 있다. 그렇지만 앞서 지적한 바와 같이, 미국의 경우 경제과목이 사회과목과 결합되면서 빚어진 갈등은 주로 정부의 역할과 관련된 것이었다. 이에 비추면 한국의 경제교과서에 도덕이나 윤리가 등장하는 것은 보편적인 현상이 아닐지도 모른다.

둘째, 복잡한 경제현상에 대한 설명을 회피하고 동시에 문제를 해결하는 손쉬운 방책으로 윤리와 도덕이 활용되었을 가능성이 있다. 이 경우 도덕은 진정한 의미의 도덕이 아니라 전혀 다른 것의 외피에 불과하다. 인식을 가능케 하는 개념이 결여되어 있는 상태에서 도덕이 전가의 보도와 같이 활용되면서 개념의 공백을 메우는 대용품으로 기능한 셈이다(Marx, 1967, 68쪽, 각주 1). 달리 표현하면, 경제이론에서 제시한 변수들로 설명되지 않는 커다란 잔차항(residual)을 모두 윤리나 도덕으로 규정한 셈이다.[7]

경제학을 포함한 한국의 사회과학은 거의 전적으로 서양이론에 의존하는데, 경제현상을 포함해 사회현상은 경제학이나 사회과학의 모든 학파에서 제시하는 이론을 총망라하더라도 설명되지 않는 부분을 남기게 마련이다. 더구나 이런 부분 중에 신고전학파 이론, 그것도 수입된 그 일부의 이론으로 설명할 수 없는 현상이 허다하다. 이런 이유로 현상과 이론의 괴리를 좁히기 위한 노력이 정치적 입장이나 학파와 무관하게 후진국의 학계에는 요구된다.

한국의 사회과학은 거의 전적으로 수입된 서양이론에 의존하면서도 이를 소화해 수용할 능력을 갖추지 못하고 있고, 이런 능력을 배양하는 데 관심을 두지도 않고 있다. 주류 경제학은 다른 사회과학에 비해 보다 많은 가정들에 근거하고 보다 추상적인 이론을 제시하면서 현실과의 거리가 더욱 멀어져 있기 때문에 보다 심각한 문제를 안고 있다. 이렇게 수입되었으나 소화되지 않은 서양이론에 의존하는 한국의 경제학과 한국의 현실 경제현상 사이에는 커다란 괴리가 존재한다. 한편으로 이런 괴리는 미국 등에서 경제학 이론과 현상 사이에 존재하는 괴리보다 훨씬 크며, 다른 한편으로 한국 학계에서 정치학이나 사회학 등 여타 사회과학과 사회현상의 괴리보다 더 크다.

이런 한국 경제학계의 상황 속에서 경제문제에 대한 설명을 면제시켜 주고 문제를 편안하게 개인의 의식 탓으로 돌려 문제의 해결을 위장하는 방편이 바로 도덕에 호소하는 것이다. 그러나 도덕에 호소하는 것은 실상은 문제를 해결하는 것이 아니라 문제를 없애는 방편이다. 가령 부동산 투기를 부동산에 대한 소비자들의 과도한 집착으로 설명하고 이를 비난하면서 의식개혁을 주장한다면, 부동산 문제에 대한 설명과 방책이 외견상 마련된 것처럼 보인다. 또 다른 예로 입시문제를 부모의 과도한 교육열 탓으로 돌리면서 의식개혁을 주장하는 경우 문제에 대한 설명과 이에 대한 방책이 모두 쉽게 마련된다.

그런데 이런 접근은 명목상의 설명과 방책을 제시함으로써 부동산 투기나 한국 교육의 병폐에 대한 진정한 설명이나 정책을 불필요하게 만든다. 왜냐하면 처음부터 도덕에 호소하면 현실이나 현상과 규범이나 정책이 밀착되어 이론 혹은 경제이론이 자리 잡을 여지가 없어지기 때문이다. 보다 심각하게는 사회구조나 여러 계급 혹은 계층의 입장 및 이익에 근거한 논의가 원초적으로 배제된다. 한국에서 도덕에 호소하는 경우 문제의 해결책은 왕왕 사회지도층이 사회구성원들을 비난하거나 그들을 가르치는 방식을 취한다.

이미 논의한 바와 같이 이런 식의 설명과 정책은 상당부분 한국 학계의 한계에서 비롯된 것이다. 경제학자도 메울 수 없는 서양이론과 한국현실 사이의 괴리를 메우기 위해 중고등학교의 교육에서는 당연히 윤리나 도덕이 전가의 보도로 활용되었을 것이다. 이렇게 파악하면, 공격의 화살은 도덕에 의존하는 경제주체나 경제교과서가 아니라 이론과 현실의 간격을 메워주지 못한 경제학자에게 돌아간다. 이런 관점에서 경제학자들은 이념이나 이론을 강요하지 말고 경제주체들이 감탄할 수 있을 정도로 현실을 명쾌하게 설명함으로써 자신의 입장을 전파하도록 노력해야 할 것이다.

셋째, 서구식의 개인주의와 합리주의를 기준으로 삼으면 서양과 동양, 혹은 서구와 한국 사이에 상당한 차이가 발생하게 된다. 개항 이래 서구에서 교육을 받거나 문화적 세례를 받은 지식인이나 사회지도층에 의해 한국사회에 전파된 서양의 체제와 이념은 개인주의와 합리성을 근간으로 삼는다. 그런데 우리가 그런 생활방식이나 문물을 좇아가는 데는 상당한 난관이나 시차가 존재한다. 사실 우리는 자신이 누구인지도 잘 알지 못하는 상태에서 지난 1세기 동안 서양의 체제와 이념에 쫓겨 다녔다.

이런 상황에서 서구의 모습을 이상으로 삼아 한국의 현실을 비판하면서 현실과의 거리를 메우려는 노력이 윤리나 도덕으로 둔갑할 수 있다. 이 경우 시양에서는 현실로 나타나는 생활방식이나 행동양태가 한반도에서는 규범이 되어 성찰이 수반되지 않은 모방을 낳을 수 있다. 그리고 이 경우 도덕은 민중에게 자발적인 참여를 유도하는 방식이라기보다 서양문물에 먼저 접한 사회지도층의 가르침이나 선도에 민중이 따라야 한다는 식이 된다. 가령 "현명하고 똑똑한 소비자가 되자"는 외침이나 "둘만 낳아 잘 기르자"는 과거의 구호는 서양적인 합리성에 부응하지 못하는 민중에 대한 사회지도층의 질책을 담은 것이다. 어떻든 경제교과서의 도덕에는 이같이 서구적 합리성에서 벗어나는 부분들도 부차적으로나마 착종된 것으로 보인다.

넷째, 한국의 교육에 팽배해 있는 파시즘과 '욕망의 억압'이 경제교육에도 삼투된 것으로 볼 수 있다. 파시즘의 정치체제 아래에서 욕망의 억압은 우리의 도덕교육에 농축되어 있다. 우리의 도덕교육은 각자 자신에 대한 애정이나 성찰을 유도하지 않으면서 일방적으로 외적 강제를 부과해 주체적인 인간이 아니라 무조건 복종하는 인간, 심지어 노예를 길러내고 있다(김상봉, 2005).

같은 사회구조나 교육제도 아래 같은 한반도의 선생과 학생 사이에 벌어지는 일이라는 점에서 경제교육이나 사회교육이 도덕교육과 특별히 다르다고 생각할 이유는 없다. 차이가 있다면, 규범을 다루도록 되어 있는 도덕교육에서는 잘못된 규범이 문제라면, 존재나 현실이 우선시되는 경제교육에서는 규범 자체나 존재와 규범의 충돌이 문제라는 것이다. 이런 이유로 도덕교육에서는 숨겨져 있던 것이 물질과 생계의 현실을 다루는 경제에 이르면 보다 투박하게 드러날 수 있다.[8]

익히 알려진 바와 같이 이는 한국사회가 서구사회만큼 다양하지 않고 다양성을 허용하지 않는 것과 연결된다. 외적인 강제를 본질로 삼는 도덕교육은 독재체제 아래 현실 자체를 같은 방향으로 재구성하는 데 공헌했을 것이다. 또한 국가라는 거대집단의 가치 혹은 애국심뿐만 아니라 혈연, 지연, 학연으로 형성되는 집단들의 사이비 가치가 도덕으로 포장되어 사회구성원들을 압박하고 이들의 인간성을 왜곡했을 것이다. 물론 이런 가치들이 시장의 가치와 공존, 내립 혹은 결합함으로써 시장의 가격결정이 훨씬 복잡한 양상을 띠게 된다(홍훈, 2005a).

다양성의 결여는 이념이나 신념, 삶의 방식, 의식주에 대한 기호 등 곳곳에서 획일성, 집단성, 고착된 서열이나 순서 등으로 나타난다(홍훈, 1996). 또한 서구식 생활방식, 사회지도층이나 지식인의 기호, 높은 가격 등을 근거로 한 모방이 이런 것들을 뒷받침한다. 이런 것들

은 흔히 시장수요의 급격한 변동이나 쏠림(예를 들어 영화 〈왕의 남자〉
의 성공적인 흥행과 같은 현상) 등의 불안정성으로 나타난다. 학교가 이
문제의 근원은 아니더라도 분명히 이를 유지시키고 강화시키는 장소
이긴 하다. 학교교육을 통해 사람들이 획일화되고 일정 방향의 이념
이나 삶의 방식, 기호들에 세뇌된다고 판단할 수 있다. 이 점에서 과
거 박정희 정권은 지대한 악영향을 미쳤을 것이며, 해방 이후 지속적
으로 강화되고 있는 입시의 현실도 심각한 문제라고 생각된다.

경제교육의
개혁구도

04

지금까지의 논의를 요약하면, 우선 대기업들의 이념전파 기관이나 우파 경제학자들이 주장하는 바와 달리 한국 중등학교의 경제 및 사회 교과서는 시장경제에 대한 옹호를 기본으로 깔고 있다. 이런 바탕 위에서 간간이 등장하는 윤리나 도덕에 대한 언급을 기업이나 시장에 대한 적대적 입장으로 간주하거나 심지어 좌파로 규정하는 것은 잘못일 뿐만 아니라 피상적이다.

여기에는 사회주의라기보다 공동체주의가 담겨 있고, 시장경제를 수용하는 데 따른 긴장과 압축성장의 억압이 내포되어 있으며, 서양의 경제이론에 무작정 한국의 경제현상을 대입시키려는 데 따르는 어려움이 담겨져 있다. 특히 학문의 수입 과정에서 수반되어야 할 비판 및 여과 과정이 결여되어 증폭된 이론의 비현실성이 도덕이라는 가면을 쓰고 나타났다고 추정할 수 있다. 혹은 한국사회에서 지난 1세기 동안 정신과 물질, 혹은 윤리와 경제의 상호관계가 제대로 설정되지 않은 상태에서 일방적으로 이념이 강요되면서 이로 인한 억압이 표출된 것으로 볼 수 있다.

이런 논의에 비추어 보면 교과서에 대한 논란은 단순히 이념의 문제나 중고등학교에 국한된 문제가 아니다. 더구나 중고등학교의 교육이 입시경쟁으로 황폐해질 대로 황폐해졌다는 사실은 도외시하면서 경제교육의 이념성만을 끄집어내는 것은 나무 전체를 살릴 생각은 하지 않고 어떤 가지가 뒤틀렸다고 꼬집는 것과 같다. 이같이 경제교육의 문제에서 '경제'는 내용과 관련되고 '교육'은 방법 및 체제와 관련된다.

전반적으로 문제를 건설적으로 해결하기 위해 좌우 이념, 전공, 해외유학 여부 등과 관계없이 경제학의 연구와 교육을 그 내용 및 방법의 측면에서 검토하는 '경제학 백서'가 제출되고 이에 근거해 중등, 대학, 대학원 수준에서 교육과 연구가 전면적으로 개혁되어야 한다.[9] 이 개혁은 이념의 다양성, 이론의 현실성, 그리고 지적 호기심을 자극하는, 살아 있는 교육을 지향해야 한다.

보다 구체적으로 내용에 있어 교과서의 이념적 편향은 교정되어야 하고, 경제이론과 한국 경제현실 사이의 괴리를 좁히기 위한 학문적 노력이 요구되며, 노동자를 포함한 경제주체들의 권리나 이익과 의무를 강조하는 내용이 강화될 필요가 있다. 특히 중등교육에서 개인에게 요구되는 것을 모두 윤리로 환원하지 말고, 지금보다 더 다양한 경제주체들의 입장에서 권리와 의무로 해석해서 교육해야 한다. 구체적으로 소비자나 기업가뿐만 아니라 학생들이 대부분 처하게 될 노동자의 입장에서 노동자의 권리, 의무, 이익에 대해 배울 수 있도록 경제, 정치, 사회, 법 등 다양한 측면에서 보다 철저한 교육이 필요하다.

그리고 대학교육이든 중등교육이든 경제학이나 경제 분야뿐 아니라 다른 모든 분야에서 개념의 암기가 아니라 학생들이 경제학적으로 사고하고 논리를 전개할 수 있는 능력을 갖추도록 교육해야 한다. 여러 경제개념들로의 여행이나 다양한 통계기법을 선보이기보다 몇 가지 핵심 개념과 기법을 반복해 현실에 적용하면서 스스로 논리를 전개할 수 있는 능력을 배양할 필요가 있다(Salemi & Siegfried, 1999, 358쪽). 또한 경제교과서에서 시장경제를 바라보는 여러 가지 대안적인 시각이 소개되어야 한다(장상환, 2005). 이 세상을 보는 눈이 하나밖에 없다는 논리는 미국이 유일한 강대국이어야 한다는 논리나 경제가 모든 것이라는 논리만큼이나 정당화될 수 없다.

뿐만 아니라 경제학자, 정치학자, 사회학자, 그리고 철학자 등이 만나 한국사회 전반에 대한 진단에 어느 정도 합의하고 이에 근거해 중등학교의 사회과목과 경제과목의 내용이 결정되어야 한다. 이와 관련해 경제와 윤리의 관계에 대한 좀더 포괄적인 논의도 요구된다.

넓게 보면 서양의 경제학 이론을 일방적으로 수입하는 추세가 앞으로도 계속될 것이므로, 이를 한국의 경제현실과 접목시키기 위한 경제학자들의 노력이 시급하다. 구체적으로는 한국경제의 구체적인 현실을 경제학자들이 여러 이론에 비추어 보면서 어디까지 설명할 수 있고 어디까지 설명할 수 없는지를 지속적으로 정리해 나갈 필요가 있다. 이를 통해 경제이론이 한국의 현실에 어떻게 접목될 수 있을지를 점검할 수 있고, 현실과의 접촉을 유지할 수 있으며, 어떤 연구가 필요한지 방향도 조정할 수 있다. 연구 차원에서는 전 세계적으로 확산되고 있으며 그 영역을 넓혀가고 있는 신고전학파에 대한 성의 있는 비판이 과거 어느 때보다 요청되고 있다. 이런 노력이 어느 정도 진행되어 중등학교 수준에 전파되면 거의 교조적으로 시장경제의 원리를 반복하지 않으며 한국경제의 현실에도 생경하지 않은 대안의 교과서가 등장할 수 있다.

한국의 우파 경제학자들은 경제교과서를 반시장적인 태도나 좌경화라고 매도하기보다 서양이론을 한국 현실에 어떻게 적용할지를 고민하는 편이 나을 것이다. 최소한 학자라면 대중의 무지를 질책하고 이론을 강요하기보다 구체적인 현실 문제를 주류 경제이론으로 설명해 자연스럽게 호응을 얻는 진정한 연구자가 되어야 한다. 또한 한국의 신고전학파 경제학자들은 미국 등 선진 학계의 진전을 신속하고 종합적으로, 그리고 손쉬운 용어로 전달할 의무가 있다.[10] 그러므로 신고전학파 학자들은 자기가 배운 좁은 범위의 이론을 정교하게 만드는 데 집착하기보다 넓은 범위의 이론을 개념적으로 이해해 진달하는 데 더 중점을 두어야 한다.

이런 연구와 교육에 장애를 주고 있는 것은 모든 학자들이 외국 학술지 게재를 목표로 삼게 하는 경제학계의 풍토, 한국경제의 현실에 대한 경시, 그리고 학벌사회에서 입시 위주의 교육과 그것의 여파 등이다. 현재 한국의 경제학계는 미국 경제학계보다 더 교조적으로 소위 SSCI에 매달리고 있다. 경제학 교육에 있어 방정식, 계량기법, 그림표 등이 경제학적 추론을 대신하듯이, 현재의 경제학계에서는 SSCI가 모든 연구를 완전히 대신하고 있다. 한국의 경제교육이 방정식, 계량기법, 그리고 그림표에 함몰되지 않아야 하듯이, SSCI로부터 어느 정도 벗어나지 않는 한 서양이론과 한국경제의 접목 가능성에 대한 점검과 노력은 심각한 장애를 안게 된다.

또한 한국의 현 교육체제가 타파되지 않으면 경제교육이든 다른 교육이든 제대로 설 수 없다. 교육을 되살리기 위해서는 학벌사회— 대학서열—입시경쟁으로 이어지는 한국의 고질적인 고리를 제거해야 한다. 이는 경제교육이 제대로 이루어지기 위해서라도 학벌은 타파되어야 한다는 의미가 된다.

구체적으로 한국사회의 학벌구조, 고착화된 대학서열, 그리고 이로 인한 필사적인 입시경쟁이 사라지지 않는 한 지적인 호기심과 탐구심은 소생할 수 없다. 학벌에 의한 사회의 차별이 존재하는 한 대학서열은 없어지지 않을 것이며, 대학서열이 존재하는 한 살인적인 입시경쟁은 줄어들지 않을 것이고, 입시경쟁이 계속 진행되는 한 정치, 경제, 사회에 대한 선생과 학생들의 사고는 기계적이고 주입식으로 흐를 수밖에 없다. 이 문제가 해결되어야 이 땅에서 경제든 정치든 모든 종류의 인문사회과학의 연구와 교육이 다시 살아날 수 있다.

주석

1 경제에 대한 경제학자와 일반인의 해석상 차이는 방송매체의 영향 외에도 개인적 경험과 공식자료의 괴리, 일반인의 경제학 지식 부족 등에서 비롯된다는 주장도 참고할 필요가 있다(Blendon et al., 1997, 115~116쪽).

2 경제문제에 대한 일반의 인식에 잡다한 요인들이 작용하고 있음은 주류 경제학에서도 인정되고 있다(Walstad, 1997).

3 가령 주류 경제학에 의하면 음주는 고성방가, 노상방뇨, 취중운전 등의 부정적 외부효과를 갖고 있다(Mankiw, 2001, 232~233쪽). 이 때문에 조세를 통해 음주로부터 얻는 잉여가 실제보다 작다는 것을 소비자들에게 알려 소비와 거래가 줄어들도록 유도할 필요가 있다. 만약 소비자가 계몽되어 자기이익을 추구하면서도 음주에 따른 피해를 미리 고려해 음주를 절제한다면 외부효과가 사라지고 과세 등 정부의 기능도 불필요해지거나 축소된다. 이 경우 도덕은 가격기구에 대해 보완적이다.

4 경제성장이 시장에 의존해 이루어졌다고 보는 한 이런 억압은 부정되기 쉽다. 그런데 한국과 동아시아의 고도성장이 강제동원이나 강제저축, 그리고 노동자와 농민의 희생 등에 의존한 개발독재가 아니라 시장친화적인 성장전략이라고 해석한 세계은행의 견해는 여러 군데에서 논리상의 무리를 범하고 있다(World Bank, 1993). 구체적으로 관료가 심판관인 경합(contest)과 시장경쟁의 구분에 대한 논의의 결여, 금융억압(financial repression)의 비시장적 성격에 대한 언급의 회피, 주식시장의 역할과 관련한 애매한 입장, 성경유착의 폐해에 대한 침묵 등을 지적할 수 있다.

5 일본식 자본주의와 한국식 자본주의의 차이를 해명하고자 한다면 중국의 이행경제에서 나타난 현상들을 참고할 필요가 있다. 보이소트 등은 관계(quanxi)나 연결망(network)이나 권력의 인격화를 강조하면서 윌리엄슨의 시장/위계의 이분법을 비판했고, 봉건주의(fief)에서 족벌주의(clan)로의 이행이 중국경제의 특징이라고 지적했다(Boisot & Child, 1988).

6 미국의 중등교육도 시민적 소양의 함양, 고용 가능성, 장기적인 경제학 공부의 기반 제공, 일상적인 경제활동의 영위 등을 고려한다는 점에서 유사하다(Siegfried & Meszaros, 1997, 249쪽).

7 이는 신고전학파 경제학이 최근까지 기술변동을 생산함수의 '솔로우 잔차항(Solow residual)'으로 취급한 것과 유사하다. 또한 신고전학파가 합리성의 가정에서 벗어나는 행위를 오류(error)나 교정 가능한 결점(correctable defaults)으로 규정하는 것도 이와 비슷하다(March, 1978, 594쪽).

8 이런 이유로 도덕교육에서 잘못된 규범의 문제를 파헤치는 것이 경제교육에서 규범의 개입을 찾아내는 것보다 훨씬 어렵다. 도덕교육에서 숨겨져 있던 잘못된 규범성을 드러내는 어려운 작업을 수행했다는 점에서 김상봉의 분석은 추후의 평가를 떠나 탁월한 것이다. 또한 경제교과서는 미국 교과서에 근거해 거의 정형화되어 있는 데 비해 그렇지 않은 도덕교과서는 나름대로의 교육내용을 담을 여지가 많다. 이는 잘못될 잠재력이 더 크다는 의미도 된다. 더구나 중등교육에 있어 도덕교육은 경제교육보다 학생들에게 더 커다란 영향을 미칠 것이다. 그렇지만 도덕교육과 경제교육을 관통해서 윤리와 경제의 위상이 문제가 되며, 이는 우리 사회에서 인간, 경제, 그리고 사회를 나름대로 설정하는 데서 최대의 과제다. 일차적인 출발점은 서양에서 가정(家庭)과 국가(國家) 사이에 존재하는 사회(社會)가 한국에 어떤 식으로 자리잡고 있는지 파악하는 것이다.

9 경제학에 관한 한, 연구중심 대학을 지원하는 정부의 BK21 사업 등도 이런 재검토를 근거로 삼아

116

내용과 방법이 재조정되어야 한다.

10 최근의 〈JEL(Journal of Economic Literature)〉의 분류로 보면, 20여 개의 주요 전공 중 금융경제
   학, 조직의 경제학, 문화경제학 등 한국 학계에 결핍되어 있는 전공이 너무 많다. 한국의 신고전
   학파는 이런 격차를 메우는 데 진력해야 할 것으로 보인다.

참고문헌

김진영 외, 2002, 《경제》, 대한교과서

오영수, 2002, 《경제》, 교학사

윤동균 외, 2006, 《경제》, 법문사

허우긍 외, 2006, 《사회》, 교학사

김상봉, 2005, 《도덕교육의 파시즘》, 도서출판 길

김승욱, 2006, "반시장적 반기업적 서술이 문제", 〈우리교육〉, 2006:5, 71~73쪽

장상환, 2005, "이영훈 교수의 한국경제사 분석은 타당한가?", 〈교수신문〉, 5월 7일

정성진, 2006, "교과서 공세는 새 지배이념 세우려는 무리수", 〈우리교육〉, 2006:5, 68~70쪽

홍훈, 1996, "경제민주화와 한국경제의 특수성", 〈연세경영연구〉, 32:2 별책

______, 1999, 《한국 자본주의의 실체》, 대한상공회의소

______, 2004, "세계화에 대한 이해", 《세계화와 남북한 사회경제 구조변화》, 17~45쪽, 아르케

______, 2005a, "학벌/학력의 정치경제학", 〈연세경제학보〉, 12:1, 410~437쪽

______, 2005b, "경제학설사", 《한국의 학술연구》, 188~204쪽, 경제학 대한민국학술원

______, 2006, "신자유주의와 세계화", 초고

Akerlof, G. A., 1982, "Labor contracts as partial gift exchange", *Quarterly Journal of Economics*, 97:4, pp.543~569

Altman, M., 2005, "The ethical economy and competitive markets", *Journal of Economic Psychology*, 26, pp.732~757

Bardhan, P., and I. Ray, 2006, "Methodological approaches to the question of the commons", *Economic Development and Cultural Change*, 54:3, pp.655~676

Baumol, W., 1988, "Economic education and the critics of mainstream economics", *Journal of Economic Education*, 19:4, pp.323~330

Blendon, R. et al., 1997, "Bridging the gap between the public's and economists' views of the economy", *Journal of Economic Perspectives*, 11:3, pp.105~118

Boisot M., and J. Child, 1988, "The iron law of fiefs", *Administrative Science Quarterly*, 33:4, pp.507~527

Buckles, S., and M. Watts, 1998, "National standards in economics, history, social studies, civics, and geography", *Journal of Economic Education*, 29:2, pp.157~166

Coats, A. W., 1985, "The American Economic Association and the Economics Profession", *Journal of Economic Education*, 23:4, pp.1697~1727

Elster, J., 1989, "Social norms and economic theory" *Journal of Economic Perspectives*, 3:4, pp.99~117

Hausman, D. M., and M. S. McPherson, 1993, "Taking ethics seriously", *Journal of Economic Literature*, Vol. XXXI, pp.671~731

Heilbroner, R. L., 1987, "Fundamental economic concepts", *Journal of Economic Education*, 18:2, pp.111~120

Hinshaw C. E., and J. J. Siegfried, 1991, "The role of the American Economic Association in economic education", *Journal of Economic Education*, 22:4, pp.373~381

Hirshleifer, J., 1985, "The Expanding Domain of Economics", *American Economic Review*, 75:6, pp.53~68

Kahneman D., J. L. Knetsch,, and R. Thaler, 1986, "Fairness as a constraint on profit seeking", *American Economic Review*, 76:4, pp.728~741

Lukes, S., 1974, *Power: a radical view*, London: Macmillan

Mankiw, N. Gregory, 2001, *Principles of Economics*, 《맨큐의 경제학》, 김경환/김종석 옮김, 교보문고

March, J., 1978, "Bounded Rationality, Ambiguity, and the Engineering of Choice", *The Bell Journal of Economics*, 9:2, pp.587~608

Marx, K., 1967, *Capital*, Vol. I, New York: International Publishers

Nelson, J. A., and S. M. Sheffrin, 1991, "Economic literacy or economic ideology", *Journal of Economic Perspectives*, 5:3, p.157, 165

Salemi, M. K., and Siegfried, J. J., 1999, "The state of economic education", *American Economic Review*, 89:2, pp.355~361

Siegfried, J. J., and B. T. Meszaros, 1997, "National voluntary content standards for pre-college economics education", *American Economic Review*, 97:2, pp.247~253

Stigler, G., 1963, "Elementary economic education", *American Economic Review*, 53:2, pp.653~659

Walstad, W. B., 1992, "Economics instruction in high schools", *Journal of Economic Literature*, 30:4, pp. 671~731

______, 1997, "The effect of economic knowledge on public opinion of economic issues", *Journal of Economic Education*, 28:3, pp.195~204

______, 2001, "Economic education in U. S. high schools", *Journal of Economic Perspectives*, 15:3, pp.195~210

World Bank, 1993, *The East Asian Miracle*, Oxford: Oxford University Press

중등과정 경제교과서의 교과과정
_세 가지 쟁점에 대한 연구

안현효(대구대학교 사회교육학부)

사회과 교육의 미래는 두 방향 중 하나로 갈 수 있다. 하나는 시민의 비판력을 발달시켜 민주주의의 잠재력과 조화하는 새 과정을 계획하는 것이다. 이는 다소 위험한 선택일 수 있다. 이 목표는 확실히 우리에게 학자적인 정직과 현상을 적절히 평가하려는 의지를 요구할 것이다.

그렇지 않으면 우리는 안전한 길(죽은 교육)을 택할 수 있다. … 강의를 통하여 교과서만 다루어 독재정치에나 잘 맞을 수 있는 피동적이고 복종하는 학생을 만들 수 있다. 이러한 경우 학문적 정직이나 적절성은 생각할 필요가 없다. 우리는 논쟁만 피하면 된다.

– Engle & Ochoa, 1988, 164쪽

머리말

최근 국내의 중고등학교 교과서의 경제영역 서술에 대한 논란이 부각되고 있다. 그런데 경제교과에 대한 평가는 지난 6차 교과서에 대해서도 있었다. 주로 경제학자들에 의해 수행된 중고등학교 경제교과서에 대한 평가는 경제영역이 중등과정에서 부족하다는 문제제기에서부터 교과서의 내용이 반시장적이고 반기업적이라는 비판으로까지 이어져 있다. 최근의 특이사항은 경제교과서에 대한 평가가 사회과와 역사 일반에까지 확산된 '교과서 논쟁'이라는 정치적 운동의 양상을 띤다는 점이다.

본 연구는 국내의 경제교과서 논쟁을 검토하여 경제학 자체의 쟁점, 사회과 교과와의 연계성, 경제학과 경제교육의 관계 문제를 통해서 중등학교 경제교과서의 교과과정을 논의하고자 한다. 2장에서는 최근의 교과서 논쟁을 살펴보면서 본 논쟁이 신우파의 정치적 입장에 의해 일방적으로 해석되고 있다는 점을 비판하고(2장), 미국의 경제교과서 교과과정에 대한 논의로부터 쟁점을 추출(3장)한 후 사회과 교육론, 학문분과와 과목교과의 관계, 경제학 내용 자체의 쟁점을 검토하여 교과교육론의 입장에서 현행의 교과서를 재해석(4~6장)함으로써, 국내의 경제교과서 분석을 교육표준의 문제로 볼 때 대학과정에서 강의되는 기존의 경제원론과 구분되는 경제교육의 내용표준이 개발되어야 한다는 점을 주장하고자 한다. 그 방향은 비판적(반성적 또는 성찰적) 사고를 계발하기 위해 보다 많은 다양성을 인정하며 현실과 시민성을 강조하는 것이다.

국내의 중고등학교 경제교과서에 대한 신우파의 평가

01

우리나라의 중등과정 경제교과서는 7번의 교육과정 변화를 거치면서 상당한 발전을 이루었다. 기존의 6차 교과서에 대해서는 "사회과 교육은 곧 사회과학 교육이라는 학문 중심 교육과정의 입장에 섰기 때문에 실생활을 비켜가는 추상적인 이론 학습으로, 학습자의 관심과 이해도를 저하시킨다"는 비판(김정호, 2002, 53쪽)이 있었고, 그 후 학문 중심 교육에서 수요자 중심 교육으로 전환한 것이 7차 교육과정 경제교과서 교과과정의 특징이다. 그리하여 7차 교과서 경제교육은 '합리적, 윤리적, 경제적 시민'의 양성이라는 목표를 제시했다(교육부, 1997, 221쪽).[1]

이러한 취지의 7차 교육과정에 따른 경제교과서도 경제학자들의 비판을 계속 받고 있다. 기존의 경제교과서에 대해서는 추상적이고 어려우며 실생활에 도움이 되지 않아 경제 이해도가 낮다는 비판이 주로 이루어졌던 데 반해, 7차 교과서에 대해서는 교과서에 도입된 윤리적 요소에 대한 비판이 추가됐다. 물론 여기에는 교육부 검정의 표준교과서 체제에 대한 비판과 자유로운 교과과정에 대한 요구도 있지만, 이것은 부수적인 차원이라고 여겨진다.

7차 교과서에 대한 대표적 비판으로 김종석 외(2005)를 들 수 있다. 여기서는 7차 교육과정의 교육목표 자체를 비판하고 있다. 즉 윤리성을 배제한 '사실'과 실증경제학 위주로 가르쳐야 한다는 것이다(김종석 외, 2005, 8쪽). 이는 경제원론 체제로의 전환을 요구하는 것으로, 사실상 6차 교과서 체제로 회귀해야 한다는 주장으로 보아야 한다. 또한 권남훈(2005, 12쪽)은 7차 교과서의 반시장성, 윤리성 강조를 개입주의 시각에 의한 교과서 서술이라고 비판한다. 즉 기업의 사회적 책임 의식을 지나치게 강조하는 것은 사실과 규범을 혼동하게 하여 학습을 방해한다는 것이다. 이는 경제영역 교과에서 가치 중심의 윤리 추구적 내용을 지양하고 사실과 논리 중심의 교육내용을 강화해야 한다는 김종석 외(2005)의 주장과 일치한다.[2] 그에 의하면 경제교육의 목적은 의식 계도가 아니라 경제적 무지(economic illiteracy)를 해소하는 데 있다(권남훈, 2006, 23쪽).

이영훈 외(2006)는 경제교과서의 한국경제 부분을 집중적으로 살펴보았다는 점에서 기존의 경제교과서 평가와 구분된다. 이 분석은 교과서가 전제한 역사관이 자학사관, 민중사관 등 기존 역사학의 입장이라는 점을 들어 비판하고 있다. 특히 일제시대와 박정희 시대를 중심으로 비판하고 있는데, 세부사항에서는 논쟁점이 있지만 전체 기조는 한일합방 전 조선경제의 자생력에 대한 부정과 박정희 시대의 긍정이라는 프리즘으로 검토되고 있다. 따라서 대한민국 국민으로서 민주시민 자질에 대한 교육이 부족하다(이영훈, 2006, 17쪽)는 비판의 진정성은 의심을 받을 수밖에 없다. 왜 박정희 시대의 긍정적 요인을 부각시켜야 민주시민의 자질이 육성되는가? 이에 대한 논의가 없이 일방적으로 전제됨으로써 필자의 국가주의적 경향이 '성찰' 되지 않고 무비판적으로 사용되고 있음을 발견할 수 있다.[3]

결과적으로 7차 경제교과서에 대한 최근의 비판은 경제교육의 교육학적 차원을 무시한 채 경제학자의 입장에서 중등과정 경제학 교과서를 일방적으로 평가하고 있으며, 경제원론(지배적 경제이론)의 이데올로기적 편향도 반영하고 있다. 많은 논자들은 7차 교육과정의 경제교육 목표 자체가 잘못되었다고 지적하고 있다. 그러나 그들이 간과하고 있는 게 있다. 6차 교육과정에 대한 논의에서 7차 교육과정이 도출되었으며, 그때 7차 교육과정은 6차 교육과정의 지나친 경제원론 중심 교육, 즉 경제적 지식(경제의 작동원리를 이해하고 습득하는 데 적절한 내용을 갖추었나라는 기준)을 강조하는 경향에 대한 비판을 수용하여 재구성되었다는 사실이다.[4] 7차 교과서는 이와 같은 경제교과서에 대한 보수적 경제학계와 재계의 비판을 수용하여 과학성, 소위 경제원론 중심의 편성을 지양하고 윤리성을 강화하는 시도를 했던 것이다. 그런데 신우파의 비판은 이러한 맥락을 무시함으로써 결과적으로 경제원론이라는 내용학을 기준으로 설정한 후 실증주의(원론으로 기지)와 실용주의(쉬운 설명이 필요하다) 사이를 무원칙하게 왔다갔다 해왔다고 할 수 있다.

왜 이런 현상이 일어났는가?

첫째 원인은 신우파의 경제교과서 비판이 경제교육의 고유한 지형을 이해하지 못한 채 이루어졌기 때문이다. 6차 경제교과서(국민경제교육연구소, 1999)에 대한 비판(김병주 외, 1997)이나 7차 경제교과서에 대한 비판은 모두 경제원론을 중요한 내용학적 기초로 전제하여 논의가 진행되어 이 내용을 벗어난 것에 대해 문제제기하고 있다. 하지만 중등학교 경제교육은 단순한 경제학 교육과 다르다. 이러한 측면이 현실적으로 교과과정 편성에서 무시될 수 없기 때문에 7차 교육과정에서도 학습자가 사회적 변화의 흐름을 주도할 수 있는 기본 능력과 자율성, 창의성을 함양할 수 있도록 교육의 내용과 방법을 다양화하고, 학생 중심의 수준별 교육을 추구하며, 교육과정 편성과 운영에 있어서 현장의 자율성 확대를 추구한다는 관점을 제시하고 있는 것이다. 7차 경제교과서에 대한 평가에서도 이런 측면은 완전히 묵살됐다.

둘째 원인은 신우파의 정치적 입장에서 교과서를 재단하여 7차 교과서의 내용을 왜곡하고 있다는 점에 있다. 7차 교과서는 이미 미국에서 개발된 표준적 교과과정을 충실히 반영하고 있다(김정호, 2002, 61쪽). 신우파의 교과서 비판론자들이 주로 과도한 윤리성 또는 비시장적 내용이라고 지적하는 부분들은 거의 '기업윤리'에 대한 것이다. 기업윤리는 반시장적인 것이 아니다. 비록 경제학 원론에는 없는 내용이긴 하지만 경영학에서 주요한 교과목으로 선정되어 있고, 기업의 사회적 책임(CSR)이라는 이름 아래 다양한 연구와 실천이 제기되고 있다. 물론 기업윤리 내에서도 다양한 입장이 있다. 하지만 이러한 다양한 입장이 기업윤리의 내용을 소개하고 설명하지 말아야 한다는 주장을 정당화하지는 못한다. 오늘날 우리나라와 같이 기업윤리가 중요한 사회적 이슈가 되어 있는 곳에서는 더욱 그러할 것이다. 비록 신우파가 신봉하는 자유주의가 경제적, 정치적으로 구별되어 사용되고, 나라별로도 의미가 달라지는 변화무쌍한 사상이긴 하나, 신우파의 자유주의는 자유주의 사상의 주류를 대변한다고 할 수 없다. 다양성과 차이를 무시하는 자유주의는 한국적 자유주의의 특징으로, 이는 사이비 자유주의 문제라고 볼 수 있다.[5] 이 문제를 진지하게 검토하기 위해서는 교과서 문제가 신우파의 정치운동에서 벗어나야 한다. 오히려 기존의 사회과 교육론의 관점에서 경제교육을 포착하고 그 의의를 재평가하는 일에서 출발해야 한다.

미국에서의
경제교육 교과과정
논쟁　　　　　　　　　　　　　　　　02

미국에서의 중등과정 경제교육의 내용과 표준을 둘러싼 연구는 1995
년의 《기초 경제개념을 가르치는 틀(Framework for Teaching Basic
Economic Concept)》(Saunders and Gilliard, 1995)에서 시작됐다. 이것은
1994년 미국 의회가 경제학을 국가표준을 만들어야 하는 9개 핵심과
목[6] 중 하나로 선정한 이래 미국 교육부가 경제교육협의회(NCEE)에
의뢰해 만든 중등과정 교과과정 가이드라인이라고 할 수 있다. 이 가
이드라인은 기본개념, 미시경제, 거시경제, 국제경제의 네 섹션으로
나뉜 21개의 경제학적 개념으로 구성되어 있다.[7] 또한 1980년대 말과
1990년대 초반에 역사와 사회과학에서 전국적인 교육과정을 만드는
시도에 자극되어, 이후 미국에서 경제학의 중등학교 교과표준을 작성
하는 시도가 강제적이지는 않지만 경제학의 국가표준(Voluntary
National Content Standards in Economics: National Council on Economic
Education, 1997)으로 구체화됐다. 미국에서 제기된 경제교육의 교육

과정과 내용표준에 대한 다양한 평가를 일별해보자.

첫 번째 평가는 미국에서 만들어진 경제교육의 내용표준이 미국의 다른 사회과 교육 표준과 맞지 않는다는 지적이다(Hansen, 1998). 이에 의하면 역사, 사회과(social studies), 공민(civics), 지리교육의 교과과정은 주제별(theme) 구성으로 사실과 지식 중심(topic approach)으로 구성된 반면, 경제교육의 교과과정은 원리 중심(원론 중심; principle approach)으로 구성되어 있다. 이러한 구성은 이들이 생각하는 경제교육의 목표와 일정한 연관을 가지고 있다. 여기서 경제교육의 목적은 '경제학자처럼 생각하기(think like economists)'라고 할 수 있다. 하지만 원리 중심의 구성은 불가피하게 경제적 사실에 대한 무시로 나아가기 쉽다(Hansen, 1998, 153쪽). 좀더 구체적으로 들어갈 때 이들은 1995년에 제출된 초기의 표준이 개념 중심으로 구성되어 다른 사회과와 조화되기 쉬운 반면, 1997년의 교과과정은 원리 중심으로 되어 더욱 경직된 경제이론으로 경도되었다는 것이다. 그리하여 개념에 대한 보다 상세한 설명이 무시되기 쉽다는 비판이 제기됐다.

물론 경제 외의 다른 사회과 교과목의 교과과정이 경제학을 부당하게 취급하고 있다는 경제학 쪽에서의 비판도 있다(Buckles and Watts, 1998). 그러나 경제교육을 다른 사회과 교과과정을 무시하고 독자적으로 구성한다고 해서 중등과정 교육에 광범위하게 수용될 수 있을까? 현재 오늘날 우리나라의 선택심화과정에서 경제과목의 채택률이 매우 낮은 것은 경제교육의 당면 과제가 무엇인지를 직접적으로 보여주고 있다. 중등교육에서는 매우 많은 학문분과가 서로 경쟁하면서 실제의 교과시간을 확보하기 위해 경쟁하고 있는 판국이기 때문에 다른 과목과 조화를 이루지 못하면 다른 전공과목과의 경쟁에서 이기기 어렵다는 것이다(Conrad, 1998, 167쪽).

경제학자들은 다른 사회과에 대해 첫째 역사, 지리, 사회과, 공민 등의 과목은 정부의 시장개입으로 인한 왜곡과 같은 중요한 경제적 이슈를 무시하고, 둘째 비용편익분석과 같은 경제학적 개념을 강조하지 않고, 셋째 시장에 대해서는 지나치게 비판적인 반면 정부에 대해서는 지나치게 우호적이라는 점을 비판한다(167~168쪽). 그러나 콘래드(Conrad, 1998)는 역으로 만약 사회과의 다른 과목을 가르치지 않고 경제학만을 가르친다고 하면 어떤 결과가 초래될 것인지를 생각해 보라고 한다. 예컨대 이기적인 자발적 교환이 당사자 모두에게 이익이 된다는 경제학적 명제는 이타주의와 시민적 책임을 무시하게 할지도 모르며, 개인이나 국가가 자신이 가장 싸게 생산할 수 있는 품목으로 특화함으로써 모든 사람들이 교역에서 이득을 얻을 수 있다는 명제에 대해서는 누구의 생산이며 누구의 소비냐가 더 중요하다는 비판도 있을 수 있다는 것이다. 또한 소득은 생산요소의 한계생산성에 의해 결정된다는 명제에 대해서는 차별로 인해 개인이 생산요소에 동등하게 접근하는 길이 봉쇄되어 있다는 비판도 가능하다.

왜 경제학이 다른 사회과학들로부터 이러한 비판을 쉽게 받게 되는가? 그것은 경제교육에서 가르치려고 하는 내용이 경제원론의 주류적 논의인데 이 논의는 역사성과 특수성을 배제한 몰역사적이고 일반론적, 추상적 논리로 구성되어 있기 때문이라는 것이다. 이로 인해 경제교육의 교과과정은 역사과목보다 덜 논쟁적일지는 모르지만 더 지루하고, 교사들은 가르치기가 더 어려워진다. 이러한 두 번째 종류의 비판에 의하면 경제교육은 경제원론을 추종함으로써 독자성을 강조할 것이 아니라 다른 사회과 교육과 더 통합돼야 한다.

미국의 경제교육 표준설정에 대한 세 번째 비판은 좀더 근본적인 비판이다. 그것은 중등교육 과정에서 가르치려고 하는 경제학 그 자체에 대한 비판이기도 하다. 두 번째 비판이 중등학교 경제교육이 사회과 교육이라는 보다 넓은 범위의 교과목과 통합되어야 한다는 점을 지적한 것이라면, 이 세 번째 비판은 경제교육이 경제지식 교육(economic literacy)의 문제라는 점을 받아들여도 어떠한 경제지식이냐가 여전히 쟁점이라는 관점이다. 다시 말해 경제학 자체가 분열되어 있다는 것이다. 미국의 경제교육 교과과정에서 가르치려는 신고전파 종합의 주류 경제학이 그리는 사회는 실제의 살아있는 사회가 아니라 조지 오웰적 세계인 자동기계와 같다(Ferber, 1999, 136쪽). 이러한 관점을 지지하는 경제학은 학생들로 하여금 그들이 살고 있는 사회를 알려줘야 하며, 삶의 복잡한 도전에 직면할 때 스스로 생각할 수 있게끔 해줘야 한다고 본다. 반면 미국의 주류 경제교육 표준은 사실(fact)을 무시하는데, 그 이유는 사실은 끊임없이 변화하지만 개념은 경제학의 변화하지 않는 중요한 요소를 부각시켜주기 때문이다. 하지만 의미 있는 개념은 결코 현실에서 분리될 수 없다. 예를 들어 보이지 않는 손(invisible hand)의 개념을 보자. 보이지 않는 손의 미덕이 독점 시장에서는 충족되지 않음은 잘 알려져 있다. 완전경쟁에 가까운 상태에 있다면 보이지 않는 손은 효율성을 항상 보장할 것이다. 그러나 보이지 않는 손의 미덕은 소득의 분배에 대해서는 아무것도 이야기해주지 않는다. 이는 또 사려 깊은 정부정책의 방향에 대해서도 아무 말하지 않는다.

우리는 경제학 하면 현대 주류 경제학(mainstream economics)을 떠올린다. 하지만 현대 주류 경제학은 1970년대부터 통합적인 기능을 상실하기 시작했다. 한계이론에 입각한 미시경제학과 케인스의 거시이론을 통합한 새뮤얼슨의 신고전파 종합(Neo-classical Synthesis)은 1970년대의 스태그플레이션을 계기로 다양한 이론들로 분화되기 시작했다. 경제학의 출현기와 현재를 모두 고려해도 경제학은 대립적 요소들을 가지고 있다고 봐야 할 것이다.

다양한 경제학의 사상과 학설들을 크게 대조하자면, 학문과 사회의 보편성을 강조하는 영국 고전경제학적인 절대주의(이를 mainstream 또는 the standard canon이라 부르자)와 사회, 역사, 제도의 특수성을 강조하는 대안적 접근(이를 heterodoxy 또는 the other canon이라 부르자)으로 대립시켜볼 수 있다. 전자는 경제학의 대표격으로 받들어져서 대학교의 경제학 기초과목인 '경제원론(Principles of Economics)'의 주요 내용이 되었다. 하지만 이 이론은 추상성과 보편성을 추구하는 방법론적 특징으로 인해 구체적, 역사적, 제도적 차이를 무시하는 경향을 가진다. 이는 사회 현상의 구체적 문제로부터 출발하는 다른 사회과학이나 인문학과의 차이로 나타나게 된다. 이로 인해 지난 200년간 경제학은 이론적 엄밀성을 획득하는 데는 일정하게 성공했으나, 현실 설명력을 상실해가고 있다는 자기비판(D' Autume & Cartelier eds. 1997)이 제기되었다. 이론적 엄밀화가 초래한 아이러니라 아니할 수 없다. 이와 관련해 경제학의 다양성은 하나의 사실이면서 경제학이라는 분과학문의 역량이자 잠재력의 원천이라는 주장도 있다(Medena & Samuels, 1996, 3쪽). 경제 자체가 워낙 복잡하고, 다양한 만화경이라 하나의 시각만으로는 전체를 조망할 수 없기 때문이라는 것이다.[8] 경제학에 대한 경직된 생각이야말로 다양성 교육과 역행한다. 경제학의 다양성과 복합성, 대립을 고려한다면 경제교육은 시장뿐 아니라 회사, 가족, 정부, 비공식적 조직 등도 주요한 경제적 탐구대상으로 간주해야 할 것이다. 마찬가지로 자발적 교환(시장에서의)뿐 아니라 기여와 강제 장치에 대한 연구도 포함해야 한다(Nelson, 1993, 33쪽). 따라서 경제학을 단순히 선택의 학문(목적과 희소한 수단 간의 관계로서 인간행동을 연구하는 학문, Lionel Robbins의 정의), 다시 말해 효용과 이기심의 역학(the mechanics of utility and self-interest, Jevons의 경제학 정의)으로만 정의해서는 우리 사회를 하나의 프리즘으로만 보는 편향성을 제거할 수 없다.

이상에서 살펴본 미국 경제교육의 교과과정에 대한 논쟁으로부터 우리는 쟁점이 ① 경제학과 경제교육의 교과과정의 차이 ② 사회과교육의 관점에서 본 경제교육의 문제 ③ 경제학 그 자체에 대한 인식의 차이가 중첩되어 있다는 점을 알 수 있다. 이제 이 3가지 문제를 각각 살펴보기로 하자.

사회과 교육론(Education of social studies)의 입장에서 본 경제교과의 교육표준   03

우리가 여기서 사회과 교육론의 관점에서 경제교육을 살펴보고자 하는 것은 경제교과가 사회과 교과의 한 부분이라는 것이 하나의 현실이기 때문이다. 또한 경제교과를 이러한 맥락 속에서 살펴봄으로써 지금까지의 경제교과를 평가하는 시각(경제학 쪽에서의 시각)이 가진 문제점을 재고해볼 수 있는 기회가 되기 때문이기도 하다.

사회과(social studies) 교육은 시민성 교육을 주요한 목적으로 한다. 그러므로 사회과는 분과학문(discipline)을 총괄적으로 부르는 호칭인 사회과학(social science)과 비교하여, 사회문제와 시민사회의 이슈를 중심으로 통합적인 체계로 구성되었다는 점에서 구분된다. 또한 사회과 교육은 인간, 자연, 사회제도 등에 관한 사회과학적 지식을 학생들에게 교육하기 위해 재조직한 교수용 교과목(instructional school subject)이라는 점에서 구분된다(차경수, 1996, 25쪽). 그러나 사회과 교육은 과목 자체의 특성으로 인해 일의적으로 규정할 수 없다.[9] 따라서 바 외(Barr et al.,1978)에 의하면 사회과 교육은 하나의 정형이 있는 것이 아니라 세 가지 정도의 교육모형과 전통을 가지고 있다. 그 세 가지 전통은 첫째 시민성 전달 모형, 둘째 사회과학 모형, 셋째 반성적 사고(성찰적 사고, reflective thinking) 모형이다.

첫째 모형은 주어진 진리로서 규정된 시민성(여기서의 시민성은 올바른 지식, 적절한 행동, 권위에 대한 존경심 등을 의미한다)을 의식적으로 전수시키고자 한다. 이러한 모형은 실제 널리 보급되어 있고, 현재에도 많이 활용되는 교육 모형임에 틀림없다. 하지만 이러한 모형은 선(善)과 정의(正義)와 같은 가치체계, 공공의 이익의 선험적 내용을 왜곡, 단순화시켜 주입하는 문제를 가진다. 이러한 모형은 비판적 문제제기와 그 능력을 박탈한다(Engle & Ochoa, 1988, 130~132쪽).

둘째 모형은 사회과 교육은 사회과학의 탐구방식을 철저하게 습득한 미래 시민을 만드는 것을 그 목표로 삼는다. 이에 의하면 사회과 교육은 교육적 목적으로 적용시켜 단순화한 사회과학이다(Wesley, 1937). 이 경우, 중등교육의 사회과 과목들은 해당 학문분과의 요약으로 구성된다. 문제는 교과서의 형태에서 진리인 것으로 진술된 많은 사항들이 학문적으로는 논쟁이 되고 있는 경우가 많다는 점이다. 즉 사회과 분야의 모(母)학문 자체가 논쟁의 온상이라는 점이 무시된다. 결과적으로 이러한 사회과 교육 모형 역시 민주시민에게 필요한 탐구적 태도와 상반되는 복종을 가르치는 데 중점을 두게 된다. 사회과학을 사회과 교육의 내용으로 간주하는 이 두 번째 모형에도 탐구과정을 강조하는 새로운 사조가 있다. 그것은 1960년대에 시작한 브루너(J. S. Bruner)의 저서 《교육의 과정(The Process of Education)》에서 시작하는 신(新)사회과 교육과정 운동(New Social Studies Movement)의 영향을 받았다. 그럼에도 불구하고 두 번째 모형은 사회과학을 많이 공부할수록 보다 향상된 의사결정에 도달할 수 있다는 가정을 깔고 있다.

마지막으로 세 번째의 반성적 사고 모형은 존 듀이의 영향 아래 나타난 움직임으로, 첫 번째 시민성 전달 모형에 대한 반발이다. 시민성 전달 모형은 시민성의 내용이 명료하다고 보고 있지만, 반성적 사고 모형은 시민성 전달 모형에서 전제하는 명료한 가치는 존재하지 않으며 그것은 사회과 교육과정을 통해 명료화하는 과정으로 파악한다. 가치는 다원적이며 개인은 여러 대안들 중에서 합리적 선택이 필요하다는 것이다. 여기서 지식획득 과정은 가치판단 과정의 부분이다. 이때 사회과 교육의 목적은 의사결정 능력의 향상이다. 민주사회에서는 피지배자가 의사결정을 하므로 자기지배의 핵심인 의사결정을 할 수 있는 능력을 키우는 것이 중요하기 때문이다.[10]

흥미로운 것은 이러한 세 가지 전통 모두 사회과 교육의 목표가 시민성 교육이라는 점을 강조한다는 점이다. 따라서 문제는 어떤 시민성이냐다. 첫 번째 모형에서의 시민성은 적절한 행동, 즉 주변환경에 적응하여 그것을 수용하는 행동을 의미한다. 이는 사회화 과정이라고도 볼 수 있다. 두 번째 모형에서의 시민성은 교양교육(liberal arts)에서 정의되는 것으로 가설설정, 자료수집, 논의방식, 결론도출 등 사회과학자의 방식대로 탐구할 수 있는 시민을 의미한다. 세 번째 모형에서의 시민성은 정치적 민주주의라는 복잡한 현대사회에서 합리적이고 숙고된 의사결정을 할 수 있는 능력을 의미한다.

사회과 교육의 맥락에서 경제교육이 어떤 목적과 어떤 내용을 담

	시민성 전달 모형	사회과학 모형	반성적 사고 모형
시민성의 내용	권위에 대한 복종, 사회화, 환경에 적응하는 행동	사회과학자의 방식대로 탐구할 수 있는 능력	합리적이고 숙고하는 의사결정 능력
교육목적	사회 내 참여와 사회적 가치의 수용	사회과학의 방법을 습득하여 문제해결 능력을 보유한 미래 시민	민주주의 사회에서 의사결정 능력의 향상, 반성적(성찰적) 탐구능력 향상
평가	원천적 다양성의 무시(전달할 단일 가치 선정의 문제) 교과내용의 단순화, 왜곡, 과다 일반화 발생 교과내용의 신화화	사회과학의 한계(엄밀성을 위해 복잡한 현안의 사회문제를 배제하거나 추상화) 학생들이 직면한 구체적 관심을 외면함으로써 교과내용이 어려워짐	추상적이고 모호하며 상이한 해석의 여지 구체적 교육과정 구축의 난이성

아야 하는가에 대해서는 국내에서도 〈경제교육연구〉를 중심으로 많은 논의가 있어 왔다. 최병모 외(2004, 141쪽)는 이러한 논의를 종합하여 경제교육의 목표를 세 가지로 제시하고 있다. 그 세 가지 목표는 지식지향적인 것과 가치지향적인 것으로 분류된 것인데, 전자의 유형을 다시 경제적 이해력(Economic literacy)을 추구하는 것과 합리적 의사결정력(Rational decision-making)의 두 가지로 나누고, 후자의 유형은 경제적 시민성의 교육으로 제시하고 있다. 이 분류는 사회과 교육의 다양한 목표를 어느 정도 반영하고 있어, 경제교육이 단순한 경제원론 교육 이상의 것이라는 점을 암시하고 있지만, 〈표 1〉에서 제시한 사회과 교육의 목표 중 반성적 사고 모형에 해당하는 것은 없다.

예컨대 경제교육의 목표로 제시된 앞의 두 개, 즉 경제적 이해력과 합리적 의사결정력은 사회과 교육의 목표와 비교할 때 사회과학 모형과 일치하며, 경제적 시민성 교육은 만약 이를 소극적 사회화 모형(Engle & Ochoa, 1998)으로 이해한다면 사회과 교육의 시민성 전달 모형과 일치하게 되어 사회과 교육에서 가장 중요한 반성적 사고 모형이 배제되는 문제를 안게 된다. 이 문제를 보완할 수 있는 연구가 김경모(2004)로서 여기서는 기존의 경제윤리 교육으로 간주된 경제적 시민성 교육을 엥글과 오초아(Engle & Ochoa, 1998)를 원용하여 소극적 사회화와 적극적 사회화(counter-socialization)로 나누고 후자를 강조함으로써 반성적 사고의 신장을 경제교육의 목표로 세울 근거를 마련했다.

만약 이렇게 경제교육의 목표를 사회과 교육의 목표와 일치시킨다면 경제원론으로서 경제교육의 내용을 구성하는 관점은 경제교육의 제2유형에 맞춘 교육목표와 교육내용을 갖게 될 것이다. 이러한 논의에 의하면 경제학 그 자체에 대한 논의를 제외하고서라도, 경제학을 경제교육 교과과정으로 재편성하는 데는 단순한 경제원론 이상의 고려가 필요하다는 점을 알 수 있다. 7차 교육과정의 경제과목 교과과정은 단순한 경제원론 이상의 내용을 요구하게 되었는데, 이러한 요구는 사회과 교육론의 교육과정을 고려했기 때문이다. 그러나 이때 요구된 경제원론 이상의 영역은 '합리적, 윤리적 경제인' 이라는 표현에서 알 수 있듯이 경제교육의 제1유형과 제2유형을 합한 것으로, 사회과 교육의 주요 목표인 반성적 사고를 할 수 있는 경제적 시민을 양성하는 목표에는 미치지 못하는 것이었다.

경제학과
경제교육의
차이

04

두 번째 제기되는 문제는 학문분과(academic discipline)와 교과목 (school subject)의 관계다. 경제학(Economics)이라는 학문분과와 경제 교육(Economic Education)이라는 교과목은 교과교육론상의 학문과 과목에 대한 논의로부터 일정한 시사점을 얻을 수 있다.

학문과 과목의 관계에 대해서는 양자가 연속적인가, 상호독립적인가, 아니면 상호연관을 갖는가에 따라 세 가지 입장으로 나뉜다. 세 번째의 상호연관에 대해서도 학문을 우위에 놓는가, 과목을 우위에 놓는가, 아니면 그 양자의 상호관계를 중시하는가로 다시 나눌 수 있다(Stengel, 1997). 첫 번째의 입장은 "지적활동은 그것이 지식의 첨단에서 일어나든 3학년의 학급에서 일어나든 모두 같은 것이다"라고 하는 브루너(Bruner, 1960, 14쪽)의 학문 중심 교육과정을 반영한다. 그러나 이러한 학문 중심 교육과정론에 대해서는 학문의 동기와 과목의 동기가 근본적으로 다르다는 반론이 존재한다. 즉 교육과정은 학문으로 이끄는 것이 아니라 인간, 동물, 자연환경에 대한 보살핌(caring)을 지향한다는 것이다(Noddings, 1992). 교과목은 학생의 관심, 보살핌의 태도, 학생의 역량을 가장 우선적으로 고려하여 구성되어야 한다. 이 러한 극단적 입장과 반대로 양자의 상호관계를 중시하는 입장은 진보 주의 교육학자 듀이(J. Dewey)에서 왔다. 듀이는 전문가들이 이미 획 득한 지식을 학생들이 알아야 한다는 것을 인정함과 동시에 아이의 경험은 알게 되는 과정에 필수적 요소라는 것을 강조했다. 여기에서 학문분과의 전통을 전달하는 과정에서 학생의 발달을 지도하는 교사 의 역할이 강조된다. 이때 교사의 역할은 학문분과를 논리적으로 표 현하는 과목지식을 변형(transformation)하는 것이다. 그러나 그러한 변형은 기계적인 것이 아니라 학생들이 학문적 지식에 접근할 수 있 도록 교육환경을 변형시키는 것이다. 여기서 학문분과는 축적된 지 혜, 앎의 과정, 실제적 탐구의 논리적 형성이지만, 교과목은 교육적 사고의 결과물이고 발달과정, 탐구과정이면서 돌봄과 역량강화의 수 단이기도 하다. 따라서 교과목은 예로부터 인간의 삶에 고착된 정치 적, 논리적 사고(학문분과)와 개별적 교사와 학생을 포함한 인간의 진 행 중인 경험(일상생활)의 대화(a negotiation)여야 한다(Stengel, 1997, 598쪽). 여기에는 불가피하게 교과목 구성에서 도덕적 요소가 개입되 지 않을 수 없게 된다는 것이다(Dewey, 1909).

이러한 듀이의 교육관을 교육과정론에 도입할 경우에도 경제교육 의 교과과정이 경제학만으로 구성되어서는 안 된다는 점을 이해할 수 있다. 의식했건 의식하지 않았건 간에 사회과 교육 내에서 경제교육 의 교과과정을 편성할 때 경제원론의 내용만으로 채우지 못했던 데에 는 이러한 맥락이 있었던 것으로 보인다.

어떤
경제학?

05

이 장에서는 반성적 사고와 비판적 사고의 향상이라는 경제교육의 목
표를 이루기 위해서는 어떤 경제학의 내용이 도입되어야 할 것인가라
는 문제를 다루어 보기로 하자. 반성적 사고는 듀이에 의해 개념화되
었다. 그에 의하면 반성적 사고(reflective thinking)는 "어떤 신념이나
가정된 지식의 형식을, 그것의 근거와 그것이 도달하려는 결론에 비
추어 적극적이고 지속적이며 조심스럽게 고려해보는 것"(Dewey,
1910, 6쪽)으로 정의된다. 듀이는 진리를 주어진 것으로 받아들이는
절대주의적 진리관을 배격하고 진리를 구성적으로 이해하여 진리를
찾아가는 과정으로 보았다. 이러한 진리관에서는 경험이 매우 중요한
역할을 하게 되는데, 다만 이때의 경험은 시행착오적 경험이 아니라
활동과 그 결과 사이의 세밀한 관련을 이해한 후의 경험, 즉 반성적
경험이다. 이를 통해 경험은 문제상황을 제기하며, 문제를 파악한 후
해결방법으로서의 가설적 대안을 생각해보고, 이를 추론과 가설로 논

증, 검증한 후 새로운 경험으로 조직하는 것이 듀이의 교육관이다(노진호, 1999, 30쪽).

듀이의 반성적(성찰적) 사고는 이후에 비판적 사고 개념으로 발전되었다. 비판적 사고는 이러한 개념의 연장선상에서 발전된 것으로 분석적 정확성, 논리적 합리성과 맥락적 사고과정으로 이해된다(노경주, 2002). 비판적 사고에 대해서는 다양한 연구와 논점이 있으나 이러한 쟁점을 요약하면, 합리적 사고이면서 반론을 존중하는 변증법적 과정이며 다양한 준거와 논리의 가능성을 인정하는 사고이다. 다시 말해 주어진 진리를 그대로 받아들이는 것이 아니라 근거에 의해서만 받아들이려는 태도이기도 하다.[11]

박형준(2003)은 비판적 사고력 증진을 경제교육의 목표로 했을 때 어떠한 경제교육 내용이 가능할지를 탐구함으로써 비판적 사고력 증진이라는 목적을 경제교육 내에 포함시키려고 시도했다. 이에 의하면 경제교육은 단순히 경제학적 내용을 전달하는 것이 아니라 경제학적 사고력을 증진시켜야 하는데 그 경제학적 사고력이 바로 사회과 교육에서 말하는 비판적 사고력이라는 것이다. 비판적 사고기능에 대해서 학자들은 여러 가지로 설명하고 있다. 이러한 논의를 요약하면, 비판적 사고기능은 ① 주장의 의미를 명확히 하고 ② 주장의 가정과 숨은 의도를 살피고 ③ 평가준거를 분명히 하여 사실과 의견을 구별하고 ④ 증거와 근거를 찾고 ⑤ 추론과정의 오류, 통계적 속임수, 정보의 누락, 애매함 등을 찾아내고 ⑥ 궁극적으로는 그럴듯한 결론과 일정한 합의에 도달할 수 있게 하는 능력이다.

비판적 사고력을 향상시킬 수 있는 경제교육의 교과과정으로는 경제적 논쟁문제(controversial economic issues)를 들고 있다. 미국의

144

경제교과서들도 단순한 원론 내용의 전달에서 벗어나서 미시경제적 쟁점뿐 아니라 빈곤, 실업, 인플레이션, 국가채무, 자본주의의 본질, 기업의 사회적 책임, 노동, 소비자, 환경문제 등 경제적 논쟁문제를 제기하고 이에 대한 다양한 견해를 제시함으로써 학습자들이 스스로 사고할 수 있는 능력을 키워주는 데 역점을 두고 있다는 점은 우리에게 시사하는 바가 많다고 할 것이다(Luker et al., 1988; Miller, 2003; Sharp et al., 1994; Swartz et al., 1998).

경제교육의 중요한 목표가 비판적(반성적 또는 성찰적) 사고력 향상이라는 점을 받아들일 때 경제교육의 교과과정이 경제원론을 주요한 준거틀로 삼는 것은 무리가 따른다. 이런 상황에서 7차 교과서의 윤리적 요소를 배제해야 한다고 주장하는 현재의 교과서 논쟁은 주류 신고전파 경제학을 중심으로 경제교육의 내용을 구성할 때 나타나는 모순을 드러낼 것이다. 즉 신고전파 경제학이 일상생활이라는 학생 중심 교육, 경험 중심 교육 과정을 수용할 수 없다는 문제, 다시 말해 현실을 다룰 수 없는 학문이라는 점을 보여줄 뿐이다. 신고전파종합의 주류 경제학은 실증주의 방법론, 방법론적 환원주의, 심리적 이기주의(개인주의)의 암묵적 전제로 인해 애초부터 경제현상과 경제문제 해결과정에서 필요한 가치와 윤리를 다루지 못한다(김경보, 1999, 19쪽). 오히려 경제교육에서 윤리적(이념적) 부분이 없어야 한다는 주장과는 반대로 경제교육의 목표가 경제적 이해력, 합리적 의사결정력, 경제윤리 등 다양하게 전개되고 있음을 고려하여 경제윤리를 통합한 교육 표준 모델을 개발할 필요가 더욱 절실해진다.

결론

최근의 교과서 논쟁은 6차, 7차 교육과정의 경제교육 목표와 비교할 때 경제원론으로의 전환을 의미하는 것으로 교육과정 상에서 퇴보를 보여준다. 신우파의 7차 교과서 비판이 지향하는 바는 결과적으로 경제적 지식(economic literacy)을 추구하는 것인데, 특히 지배적으로 받아들여진 주류 경제학을 편향적으로 전달, 교수하는 데 목표를 두고 있다.

하지만 듀이(J. Dewey, 콜럼비아대학), 헌트와 메트카프(Hunt & Metcalf, 오하이오주립대), 올리버 외(Oliver et al., 하버드그룹), 브루너(Bruner, 신사회운동)와 그 후계자들 등과 같은 진보주의 교육학자들과 뮈르달(G. Myrdahl), 화이트헤드(A. Whitehead) 등의 사회개혁가들은 교육, 특수하게는 사회과 교육은 민주주의와 인간지성에 부합하는 협동적이며 개방적으로 탐구하는 활동적인 계획(Engle & Ochoa, 1988, 145쪽)으로 보았다. 이러한 사회과 교육론을 전제한다면 최근의 경제교과서 논쟁은 ① (사회과) 교육론의 무지, ② 경제학과 경제교육(교과)의 관계에 대한 무지로 인해 지금까지의 교육과정 논의의 성과를 무화시키는 효과를 낳고 있다. 그런데 이러한 편향과 무지는 논평자들이 기반하고 있는 ③ 편향적 경제학 그 자체의 결과이기도 하다.

7차 교육과정에 입각한 경제교과서 조차도 비판적, 성찰적 사고를 할 수 있는 민주시민 교육에 부합하는지는 여전히 불투명하다. 이러한 상황에서 교과서 논쟁은 경제교육 목표를 ① 교육과정의 유형에서도 하나의 이념을 강요하는 시민성 전달의 교육으로 퇴보시키면서 ② 교육방식에서도 수요자와 상관없는 공급자 위주의 원론교육을 강조한다. 오히려 8차 교육과정의 경제교육의 방향은 지식, 의사결정 능력뿐 아니라 비판적 사고, 반성적 사고를 가능하게 하기 위한 다양한 시도를 허용하고 촉진하도록 재설계되어야 할 것이다.

1 이에 대해서는 다음과 같이 해설되어 있다. "'경제' 과목의 총괄 목표는 두 가지 측면에서 강조되고 있다. 인지적 측면의 경제적 사고력, 의사 결정력의 신장과 함께 정의적 측면에서 경제 주체의 바람직한 경제 윤리의식의 내면화를 통해 올바른 가치판단을 내리는 민주시민 양성의 도모…"(교육부, 1997, 257쪽)

2 사실 권남훈(2006)은 김종석 외(2006)의 결과물의 재생산이다.

3 이영훈(2006)이 사용하는 '성찰성'이라는 용어는 검토를 요한다. 듀이의 진보주의 교육관에 의하면 교육의 목표 자체가 성찰성(reflective thinking: Dewey)이며, 성찰성의 핵심은 비판적 사고다. 이에 대해서는 4절 이후에서 설명한다.

4 김병주 외(1997)는 6차 경제교과서(국정)를 분석하여 경제교육의 교과목표가 부적절하게 표현되어 있으며, 대안으로 실용성, 윤리성, 과학성이라는 목표를 제시한 후 이 가운데 실용성이 제일 중요하다고 지적(김병주 외, 1997, 7쪽)하고 있다.

5 Lukes(2003) 참조. 자유주의에는 다양성과 관용이 핵심적인 요소라는 점을 잘 설명하고 있는 저서로는 이근식(2005) 참조. 이 책은 다양한 자유주의 사조와 역사를 망라하면서 한국에서의 자유주의가 보여주는 모습에 대한 '성찰적' 사고의 사례를 제시해준다.

6 9대 핵심과목은 영어, 수학, 과학, 외국어, 시민과 정부, 경제학, 예술, 역사, 지리다.

7 이 가이드라인 제작은 NCEE가 주도했지만 FTE(The Foundation for Teaching Economics), JA(Junior Achievement), AT&T 등이 지원했다. '기본개념'에서는 희소성, 기회비용, 생산성, 경제제도와 인센티브, 화폐와 교환이, '미시경제'에서는 시장과 가격, 공급과 수요, 경쟁과 시장구조, 소득분배, 시장실패, 정부의 역할이, '거시경제'에서는 총수요와 공급, 실업, 인플레이션, 재정정책, 통화정책이, '국제경제'에서는 비교우위, 무역장벽, 국제수지, 환율, 경제성장 등의 개념이 제시돼 있다.

8 이러한 관점은 미국의 대학원 교육에 대한 자기비판에서도 드러나 있다. "이론과 계량경제학으로 대변되는 수단과 '실질적, 경제적 문제'의 관계에 대한 경시야말로 대학원 경제학 교육의 약점"이라는 것이다(Krueger et al., 1991, 1039쪽).

9 "사회과는 관심이 집중되는 격렬한 투쟁의 장소로 … 사회과학자는 사회과를 사회과학을 다루는 교과로 생각한다. 각종 시민단체, 노동조합, 산업체 대표는 … 사회과 수업을 그들의 독특한 사회철학을 다루는 공간쯤으로 생각한다. … 결과적으로 사회과 교육은 모든 사람의 포로인 셈이다. … 사회과가 갈피를 못 잡는 원인이 하나 더 있다. 이는 교사 각자가 매우 상이한 생각을 가지고 학교수업에 임한다는 점이다. 교사들은 역사 전공, 사회학 전공, 정치학 전공 등 배경이 매우 다양하다. 심지어는 사회과학을 배우지 않은 교사도 있다."(Barr, Barth & Shermis, 1978, 8쪽).

10 이 모형의 대표적 연구자로는 Hunt & Metcalf, Engle, Oliver, Shaver, Newmann(Harvard Group) 등이며, 현재 사회과 교육 이론의 주류를 이루고 있다.

11 비판적 사고의 개념의미와 관련해서는 이 글에서 완성할 수 없는 논쟁점이 있다. 개념의 외연을 확정짓기 위해 유사개념들, 즉 탐구, 창의적 사고, 의사결정력, 문제결정력, 고등사고력 등과 구분해줘야 하기 때문이다. 또한 비판적 사고를 구체적으로 정의할 때는 개별성, 맥락성, 감정 등의 문제도 고려해야 할 것이다. 이 문제는 이 글의 범위를 넘어서므로 포괄적인 의미에서 비판적 사고의 정의에 만족하기로 한다.

참고문헌

교육부, 1997, 《제7차교육과정: 사회과》, 대한교과서주식회사

국민경제교육연구소(KDI), 1999, 《고등학교 경제》, 교육부 (6차 경제학교과서)

권남훈, 2005, "초·중·고등학교 경제교육의 문제점과 개선방안", 한국선진화포럼 제3차 월례토론회

김경모, 1999, "중등학교 사회과에서의 경제윤리 교육모형 정립에 관한 연구", 《사회교육연구》, 29집, 17~42쪽

김경모, 2004, "경제교육의 이해와 실천을 위한 틀", 《경제교육연구》, 11집, 1호, 109~136쪽

김병주 외, 1997, 《고등학교 경제교과서 분석》, 삼성경제연구소

김영용, 2002, "고등학교 경제교과 과정 및 교과서 분석", 《경제교육연구》, 제8호, 157~183쪽

김정호, 2002, "제7차 교육과정의 경제교육 목표와 내용 체계", 《경제교육연구》, 제8호, 51~71쪽

김종석 외, 2005, 《고등학교 경제분야 교과서 (선택과목) 내용 분석》, KDI

노진호, 1996, "Dewey의 교육의 개념에 대한 고찰", 《교육학 연구》, Vol 34, No 3, 19~33쪽

박형준, 2003, "비판적 사고력 함양을 위한 경제교육의 교수 전략 개발", 《경제교육연구》, 제10집, 2호, 1~23쪽

안국신, 2002, "경제원론 교육: 무엇을 어떻게 할 것인가", 《경제학연구》, 제49집, 제4호, 371~384쪽

안병근, 2001, "중학교 사회교과서의 경제교육내용의 검토", 《경제교육연구》, 제7호, 225~250쪽

오영수, 2005, "경제학, 무엇을 얼마나 가르쳐야 할 것인가", 《경제교육연구》, 제12권 1호, 29~52쪽

이근식, 2005, 《자유와 상생: 새로운 시대정신을 찾아서》, 에크리

이영훈 외, 2006, 《경제교과서 무엇이 문제인가》, 두레시대

최병모, 박형준, 김경모, 황상주, 2004, "학교 경제교육의 교수·학습 모형 및 방법에 관한 반성적 고찰", 《경제교육연구》, 11집, 1호 (2004.6), 137~168쪽

Autume, Antoine d' and J. Cartelier (ed.), 1997, *Is Economics Becoming a Hard Science?*, Edward Elgar

Barr, R., Barth, J. L. & Shermis, S.S, 1978, *The Nature of Social Studies*, Palm Spring: ETC Publication, 최종옥 외 역, 1993, 《사회과교육이 이해》, 서원

Bartlett, Robin L. and Marianne A. Ferber. 1998. "A Feminist Approach to the Principles of Economics Course," in Philip Saunders and William Walstad (eds.) *The Principles of Economics Course: A Handbook for Instructors*, pp. 109~25. New York: McGraw-Hill, 2nd edn

Becker, William E. 1997. "Teaching Economics to Undergraduates." *Journal of Economic Literature* 35(3) (September), pp. 1347~73

Becker, William E. 1998. "Standards and Testing: Another View." *Journal of Economic Education* 29(2) (Spring), pp. 83~6

Bishop, John H. 1998. "The Effect of Curriculum-Based External Exit Exam Systems on Student Achievement." *Journal of Economic Education* 29(2) (Spring), pp. 171~82

Boulding, K. 1986. "What Went Wrong with Economics", *American Economist* 30

Buckles, Stephen and Michael Watts. 1998. "National Standards in Economics, History, Social Studies, Civics, and Geography: Complementarities, Competition, or Peaceful Coexistence?" *Journal of Economic Education* 29(2) (Spring), pp. 157~66

Conrad, Cecilia A. 1998. "National Standards of Economic Imperialism." *Journal of Economic Education* 29(2) (Spring), pp. 167~9

Dewey, J. 1909 (1975). *Moral Principles in Education*, Corbondale: Southern Illinois University Press

Engle, S. H. & A. S. Ochoa, 1988, *Education for Democratic Citizenship*, New York: Teachers College, Columbia University. (정세구 역, 《민주시민교육》, 교육과학사, 1989)

Ferber, M. A. 1999, "Guidelines for Pre-college Economics Education: A Critique", *Feminist Economics* 5(3), pp. 135~142.

Hansen, W. Lee, 1998, "Principles-Based Standards: On the Voluntary National Content Standards in Economics." *Journal of Economic Education* 29(2) (Spring), pp. 149~56

Kreuger, A. O. et al. 1991, "Report of the Commission on Graduate Education in Economics," *Journal of Economic Literature* 24, pp. 1035~53

Luker, W. A., Martin, D.A. & Luker, G. W. 1988, *Economics: For Decision Making*, Lexington, MA: D.C. Heath and Company

Lukes, Steven. 2003, *Liberals and Cannibals: The Implications of Diversity*, Verso (홍윤기 외 역, 《자유주의자와 식인종》, 개마고원)

Medema, S. G. and W. J. Samuels, 1996, *Foundations of Research in Economics: How Do Economists Do Economics*, Edward Elgar

Miller, R. L. 2003, *Economics: Today and Tomorrow. Teacher Wraparound Edition*, New York: Glencoe/McGraw Hill

National Council on Economic Education(NCEE), 1997, Voluntary National Content Standards in Economics. New York: NCEE (http://www.ncee.net/ea/standards/standards.pdf)

Nelson, Julie A. 1993. "The Study of Choice or the Study of Provisioning?" in Marianne A. Ferber and Julie A. Nelson (eds.) *Beyond Economic Man. Feminist Theory and Economics*, pp. 23~6, Chicago: University of Chicago Press.

Noddings, N. 1992. *The Challenge to Care in Schools*, New York: Teachers College Press

Saunders, Phillip and June Gilliard, eds. 1995. *A Framework for Teaching Basic Economic Concepts: With Scope and Sequence Guidelines, K-12*. New York: Joint Council on Economic Education

Sharp, A,. M., Register, C. A., & Leftwich, R. H. 1994. *Economics of Social Issues*. Burr Ridge, IL:IRWIN, Inc.

Siegfried, John J. and Bonnie T. Meszaros. 1997. "National Voluntary Content Standards for Pre-College Economics Education." *American Economic Review* 87(2) (May), pp. 247~53

Siegfried, John J. and Bonnie T. Meszaros. 1998. "Voluntary Economics Content Standards for America's Schools: Rationale and Development." *Journal of Economic Education*

Stengel, B. S. 1997. "Academic discipline and school subject: contestable curricular concepts",

Journal of Curriculum Studies, Vol 29, No. 5, pp. 585~601

Swartz, T. R. & Bonello, F. J. 1988. *Taking Sides: Clashing Views on Controversial Economic Issues*. Guilford, CT: Dushkin/McGraw Hill

Walstad, W. B. 2001. "Economics Education in U.S. High Schools", *Journal of Economic Perspectives*, Vol 15, No. 3, pp. 195~210

Welsey, E. B. 1937. *Teaching Social Studies in high school*, Boston: D.C. Heath.

《고등학교 경제교과서 내용검토》에 대한 검토

류동민(충남대학교 경제학과)

머리말

김종석 외(2005)는 선택과목인 고등학교 경제교과서 5종의 내용을 검토하여, 구체적으로 오류를 범한 세부내용을 제시하고 이에 대해 코멘트하고 있다. 김종석 외에 따르면 현행 경제교과서에 나타난 오류 및 문제점은 10가지 유형으로 구분된다(6쪽). 여기에는 예컨대 부정확한 서술 및 해석이나 단순한 문장오류 등과 같이 기술적인 문제들도 지적되고 있다.

지적하고 있는 점들 가운데 역시 중심적인 내용은 '훈계적이고 윤리지향적인 내용'(유형 5), '자본주의나 시장경제에 대한 부정적인 시각'(유형 6), '비주류적인 해석, 좌파적인 시각 또는 반세계화적인 태도'(유형 7), '시민운동, 통일, 환경 등에 대한 편향적인 태도'(유형 8) 등의 네 가지 유형이라 할 수 있다.[1]

필자는 특히 이 네 가지 유형의 오류라고 지적된 부분들을 구체적으로 검토해보고자 한다. 결론부터 미리 말하자면, 김종석 외의 비판

중 대부분은 사소한 부분을 확대한 억지비판이거나 시장낙관론에 입각한 편향된 이데올로기적 해석이다.[2]

검토 순서는 편의상 김종석 외에 실린 순서 그대로다.

사례 1_
두산(조도근 외), 21쪽

교과서 내용

탐구활동: 반세계화 운동과 우리 경제의 선택?

세계화에 반대하는 목소리는 각양각색이지만 크게 두 부류로 나눌 수 있다.

하나는 세계화 자체를 반대하는 것으로, 세계화가 다음과 같은 점에서 우리의 삶을 왜곡시키고 있다고 본다. 첫째, 현대인들은 삶의 질 향상을 삶의 주요 목표로 삼고 있으며 경쟁력 강화는 그 수단에 불과한데, 지금은 수단이 목적을 희생시키고 있다. 둘째, 노동자들은 창조와 진보의 주체가 되어야 함에도 불구하고, 기업 경영혁신의 객체로 전락했다. 셋째, 범지구적인 무한경쟁은 자연과 인간의 파괴적 경쟁을 부추기고 있다.

다른 하나의 목소리는 세계화 자체에는 동의하나 그 방향에 우려를 표시하는 것이다. 이들은 현재의 세계화가 인터넷, 컴퓨터, 이동통신, 인공위성 등과 같은 것들에 이끌려 지나치게 기술 중심으로 진행되고 있다고 보고 있다. 이들은 세계화가 거대 기업과 각국 정부가 동반자 관계를 유지하면서 친지구적 발전, 가난한 나라에 대한 지원, 극빈자 구제 등에 관심을 갖는 방향으로 진행되어야 한다고 주장한다. (자료: ○○일보, 반(反)세계화의 두 목소리, 2001. 7. 28)

1. 윗글에 제시된 두 가지 세계화 반대 논리의 차이점은 무엇인가?
2. 대외 의존도가 높은 우리 경제의 상황을 고려해볼 때, 세계화에 대해 어떤 자
   세를 가지는 것이 바람직할까? 그 근거는 무엇인가?

이는 '탐구활동'에 해당하는 부분으로, 신문을 인용하여 반세계화 운동을 두 가지로 유형화한 다음 그와 관련된 두 가지 질문을 던지고 있는 부분이다. 이에 대해 김종석 외는 세 가지 평가를 내리고 있다. 그 평가들을 하나하나 살펴보자.

김종석 외의 평가 1-1

그런데 이어지는 탐구활동 자료에서는 세계화에 대해 다분히 편향적인 반대 주장을 인용문의 형식으로 여과 없이 싣고 있다. 더구나 인용된 주장의 내용을 살펴보면 세계화가 삶의 질을 파괴한다거나 노동자들의 주체성을 희생시킨다는 주장은 전혀 근거가 없거나 현실과 오히려 반대되는 것이다. '범지구적 무한경쟁'이 파괴적 경쟁을 부추긴다는 것 역시 기본적인 경제원리에 대한 무지에서 비롯되는 반응이다. 세계화의 '옳은' 방향에 대한 두 번째 주장 역시 경제활동의 세계화라는 본래의 관심주제와는 무관한 내용이다.

〈평가 1-1〉에서는 세계화에 대해 하등의 부작용도 인정하지 않으려는 필자들의 태도가 분명하게 드러난다. 예를 들어 노벨 경제학상

158

수상자인 스티글리츠(Stiglitz, 2002) 같은 이조차도 세계화의 부정적 효과에 대해 끊임없이 경고하고 있다는 사실은 전혀 고려하지 않고 있다. 아무런 논리적 근거도 없이 그저 "전혀 근거가 없거나 현실과 오히려 반대되는 것"이라는 이데올로기적 주장만이 펼쳐지고 있을 따름이다.[3] 세계화의 옳은 방향에 관한 논의가 경제활동의 세계화라는 본래의 관심주제와는 무관한 내용이라는 마지막 문장은 도대체 이것이 전문적인 교육과 훈련을 거친 직업적 경제학자들의 주장이 맞는지 의심스러울 정도다. 세계화를 필연적 추세로 인정하더라도 그 부작용을 최소화하면서 긍정적 효과를 극대화하기 위한 방향을 논의하는 것이 본래의 주제와 상관이 없다면, 도대체 본래의 관심주제란 무엇이란 말인가?

김종석 외의 평가 1-2

이 탐구활동 자료의 또 다른 중요한 문제점은 편향성이나 옳고 그름을 떠나서 경제 원리적인 논거와는 거리가 있는 내용을 무비판적으로 소개함으로써 학생들이 논리적으로 사안에 접근하는 것을 오히려 방해한다는 점이다. 세계화는 다른 사회현상들과 마찬가지로 분명 경제적 측면뿐 아니라 정치, 사회, 문화에 미치는 다양한 측면이 있다. 하지만, '경제' 교과서에서는 경제적 측면에 대해 논의를 집중하여 합리적 판단능력을 길러주는 것이 우선적인 목표가 되어야 할 것이다.

〈평가 1-2〉는 전경련 주변 보고서들에서도 흔히 볼 수 있는 전형적인 주장 중 하나다. 즉 '경제' 교과서는 경제논리에 집중해야 한다는 주장이다. 그러나 예를 들어 경제정책이 정치논리에 의해 좌우되어서는 안 된다고 주장하는 것과, 세계화처럼 복합적인 요인에 의해 결정

되는 정치경제학적 현상을 경제논리에 입각해서만 설명해야 한다고
주장하는 것은 분명히 다른 주장임에 유의해야 한다.

김종석 외의 평가 1-3

한편 인용글 뒤에 제시된 탐구문제의 제시 방식 역시 세계화에 대한 부정적 시각
을 은연중에 전달하고 있다. 마치 우리 경제가 대외 의존도가 높기 때문에 '어쩔
수 없이' 세계화에 긍정적일 수밖에 없다는 것처럼 비칠 수가 있기 때문이다. 외
국시장의 개방은 우리에게 이익이지만 국내시장 개방은 무역상대국의 압력에 의
해 어쩔 수 없이 하는 것일 뿐이라는 시각은 우리 국민들이 가지고 있는 대표적
인 오해 중의 하나이다. 위와 같은 교과서 서술방식은 이러한 오해를 불식시키는
데 전혀 바람직하지 않다.

〈평가 1-3〉은 김종석 외에 종종 나타나는 확대 유추해석의 전형이
다. 이런 식의 유추해석이라면 "대외 의존도가 높은 우리 경제의 상황
을 고려해 볼 때"라는 구절은 '세계화에 대한 대안이 있을 수 없다
(TINA : There is no alternative)'는 결론을 사실상 전제하는 편향된 질문
이라고 해석할 수도 있을 것이지만, 이런 점은 지적되고 있지 않다.

160

사례 2_
천재교육(전홍렬 외), 16쪽

유형 8의 오류

교과서 내용

과연 환경과 개발은 양립할 수 있는가? 개발에 찬성하는 측은 환경과 개발이 양립 가능하다고 주장한다. 증가하는 인구의 삶의 질을 일정 수준 유지하기 위해 개발이 불가피한 상황에서 환경과 개발 중 하나만을 선택하는 것은 현실을 외면한 것이라고 보기 때문이다.

반면 환경과 개발의 양립을 부정하는 사람들은 '환경 친화적 개발'이 보여준 허구를 지적한다. 환경 친화를 표방하고 있으나 사실상 개발을 정당화하고 결국은 환경 파괴로 이어진다는 것이다.

이에 대한 김종석 외의 평가는 다음과 같다.

김종석 외의 평가 2

환경에 대한 서술은 위에서 든 예뿐 아니라 중간 중간 이루어지고 있으며 교과서의 말미에도 별도의 소절로 이루어지고 있다. 이들 서술들은 기본적으로 환경주의자들의 주장에 경도된 서술이 이루어지고 있다. 위의 예에서 제시되고 있는 환경 친화적 개발의 허구를 주장하는 그룹은 환경주의자들 중에서도 극단에 치우쳐 있는 그룹이다. 그럼에도 불구하고 고교 교과서에 이들의 주장이 환경 친화적 개발에 대한 주장과 양립하는 주장인 것처럼 소개되고 있는 것은 문제로 지적될 수 있다.

시장원리를 바탕으로 외부성이라는 개념을 통해 환경문제를 설명하는 것이 바람직하며, 그 해결에 있어서도 비용과 편익의 개념에 바탕을 둔 서술을 하는 것이 합리적 경제원리를 학습하는 경제교과서에 부합되는 내용이 될 것이다.

김종석 외가 지적하는 이른바 유형 8의 오류란 '시민운동, 통일, 환경 등에 대한 편향적 태도'를 가리킨다. 보다 정확하게 말하자면 '시민운동, 통일, 환경의 중요성을 강조하는 모든 견해' 자체에 대한 비판이라 할 수 있다.[4] 이 교과서의 내용은 환경과 개발의 양립 가능성에 대한 찬성과 반대의 견해를 병행적으로 소개하고 있을 따름인데도 김종석 외는 민감하게 반응하는 식의 평가를 내리고 있다. 그러나 이 평가의 두 번째 단락에서 스스로 지적하듯이[5] 외부성이라는 개념 자체가 시장원리만으로는 설명될 수 없는 환경오염과 같은 문제를 지적하기 위한 개념임에 유의해야 한다.

사례 3_
천재교육(전홍렬 외), 40쪽

유형 7의 오류

교과서 내용

그러나 자본주의는 19세기 후반 독점자본주의 아래서 경제력 집중, 실업, 경기변동 등의 자본주의적 병폐가 커져 이전의 무제한적 자유에 제동이 걸리기 시작했다. 1930년대의 대공황을 겪고 나서 자본주의는 정부가 공공의 이익을 위해서 사유재산 제도와 자유의 일부를 제한하는 수정자본주의 체제로의 변화와 수정을 시작한다.

(중략)

개념보충–독점자본주의

생산의 대규모화에서 소수의 거대한 독점기업이 지배적인 힘을 확립하는 자본주의의 독점적 단계로서 생산과 자본의 집적·집중이 진행된다.

(중략)

소련의 사회주의는 초기에는 서구를 능가하는 급속한 경제성장을 이루기도 했으나, 1960년대 이후부터 만성적인 경기침체와 관료주의의 폐단 등 여러 문제에 직면하게 되었다.

이에 대해 김종석 외는 두 가지 평가를 내리고 있다. 그 평가들을
살펴보면 이렇다.

김종석 외의 평가 3-1

경제체제의 변천과정을 설명하는 과정에서 제시되고 있는 '독점자본주의'라는 용
어는 마르크스주의 경제학자들이 자본주의의 사회주의로의 이행과정을 자본주
의-독점자본주의-국가독점자본주의로 설명하면서 자본주의가 밟게 되는 단계
중 하나로 정립한 용어 및 개념이다. 이는 고교 교과서에 들어가 있기에는 매우
부적절한 내용이다. 또한 수정자본주의라는 용어도 주류 경제학계에서 통용되는
개념은 아니다. 자유방임 시장경제 체제에서 대공황 이후 재정정책 등을 통해 경
기조절을 시도하는 등의 정부의 역할이 확대되었다는 점을 지적하면 충분할 것으
로 보인다. 아울러 오일쇼크 이후 재정정책을 중심으로 한 정부역할의 한계가 인
식되면서 오늘날에는 재정정책보다는 통화정책이 보다 중요한 정부의 정책수단
이 되고 있으며, 대공황 이후 비대해진 정부의 경제개입이 비효율을 증대시켜온
데 대한 문제점들이 드러나면서 민간의 경제적 역할을 강조하는 신자유방임주의
적 경제체제가 미국을 중심으로 한 선진 시장경제체제를 규정하고 있음을 지적하
는 것도 필요하다. 이와 함께 자유방임주의, 재정정책, 통화정책 등의 용어를 설
명하면 좋을 것이다.

〈평가 3-1〉은 이른바 유형 7의 오류, 즉 '비주류적인 해석, 좌파적
시각 또는 반세계화적 태도'라고 지적한 것이다. 이런 지적을 한 이유
는 단 하나, 해당 교과서가 마르크스주의 경제학자들이 정립한 용어

164

를 사용하고 있다는 것뿐이다. 그러나 '독점자본(주의)'라는 용어는 경제사 등의 영역에서 광범하게 쓰이고 있는 개념어다. '수정자본주의'라는 용어 또한 애초에 전후 일본에서 제기된 개념으로, 오히려 민주화와 노동운동의 고양, 재벌해체 등에 따른 위기의식 속에서 사회주의에 대항하는 이데올로기로 경영자들에 의해 제기된 개념이다.[6]

김종석 외의 평가 3-2

아울러 사회주의 체제를 소개하는 것은 좋으나 사회주의 초기에 서구를 능가하는 급속한 경제성장을 이루었다는 것은 별로 근거 없는 내용이며, 그보다는 사회주의 몰락의 근본적 이유를 제대로 제시하는 것이 중요하다. 단순히 만성적 경기침체와 관료주의를 원인으로 지적하고 있으나 이는 근본적인 원인이 아니며, 능력과 노력과 무관하게 똑같이 취급하고 똑같이 배분받는 체제에서 개인이나 기업이나 자기개발과 혁신을 할 이유가 없으며, 이러한 점이 생산성의 저하와 비능률의 확대, 기업의 혁신 부족으로 이어져 결국 체제의 붕괴로 이어졌다는 것을 이 부분에서 지적하는 것이 바람직하다. 특히 최근까지도 러시아에서 그러한 잔재가 나타나고 있다는 자료를 보여주는 것도 바람직할 것이다.

사회주의 체제가 초기 공업화 과정에서 생산요소의 양적 동원 등에 기초하여 고도성장을 이루었다는 점은 폴 크루그먼(Paul Krugman) 같은 주류 경제학자들에 의해서도 인정되고 있는 사실이다. 사회주의 체제 붕괴의 원인을 한두 마디 키워드로 요약할 수 없음도 분명하다. 그러나 〈평가 3-2〉의 핵심은 사실상 사회주의 또는 그 어떤 비(非)시장적 메커니즘의 일시적 성공에 대해서도 인정하지 않으려는 속내의 표출에 불과하다.

교학사(오영수), 31쪽

유형 7의 오류

교과서 내용

개발독재린 개발도상국에서 경제개발이라는 이름 아래 이루어지는 정치적인 독재를 말한다. 우리나라에서도 박정희 전 대통령이 집권했던 1961년에서 1979년의 기간은 개발독재의 전형(典型)으로 알려져 있다. 아무런 기술이나 자본이 없는 후진국에서 경제개발을 시작하는 초기 단계에서 정부의 강력한 주도가 효율적인 측면이 있는 것은 사실이다. 그러나 정부의 강력한 주도하에 이루어지는 경제개발은 정경유착, 부정부패, 노동자의 인권 탄압, 경제력 집중, 소득격차 등 많은 문제를 낳기도 했다.

이에 대한 김종석 외의 평가는 다음과 같다.

김종석 외의 평가 4

모든 의사결정에는 득만 있는 것이 아니라 실도 있을 수 있다. 그러나 아직 논의가 끝나지 않은 현대사에 대해 단정적인 서술을 하는 것도 별로 도움이 되리라 생각하지 않는다. 본문에 서술된 개발독재의 전형은 대부분의 후진국들에서 이미 그 실패로 끝난 개발독재의 경우를 지칭하고 우리나라처럼 예외적으로 성공한 사례를 전형이라 부르지 않는다. 정확한 사실에 기초하여 서술했다기보다는 저자의 주관적 관점이 작용한 것으로 판단된다. 실례를 들더라도 부정적인 현상에 초점을 맞추어 부각시킬 필요가 없다고 판단된다. 보다 흥미롭고 상상력을 유발할 수 있는 예를 들어야 할 필요가 있다. 교과서 후반부에서 서술하고 있듯이 산업화 과정에서 빈부의 격차가 오히려 감소했고 최근에 들어서 격차가 발생했다는 사실과 배치되고 있다.

〈평가 4〉의 내용 중 박정희 정권의 공과에 대해 단정적 서술을 하지 않는 것이 좋다고 한 지적을 설사 인정한다고 하더라도, 위 교과서의 내용에 대해서 이른바 유형 7의 오류, 즉 '비주류적인 해석, 좌파적 시각 또는 반세계화적 태도'라고 지적한 것은 평가 자체가 지극히 이데올로기적 비판의 성격을 갖는다는 것의 반증에 다름 아니다. 결국 〈평가 4〉는 박정희 비판은 좌파적 시각과 등치되면서도 박정희식 경제개발이 지극히 반시장적인 방식으로 이루어졌다는 점은 애써 무시함으로써 시장주의와 개발독재에 대한 긍정적 평가가 기묘한 형태로 공존하는 양상을 띤다.

사례 5_
천재교육(전홍렬 외), 130~131쪽

유형 7의 오류

교과서 내용

자본주의 생산양식은 기술혁신을 통해 생산비용의 최소화와 대량생산으로 단가를 인하시켜 소비의 대량화를 야기시킨다. 기업은 대량생산된 상품의 생산·소비를 확대시키기 위하여 상품 선전을 강화하게 되고, 소비자들은 자기도 모르는 사이에 상품 선전에 현혹되어 바로 쓰고 버리는 생활에 익숙하게 된다.

이에 대한 김종석 외의 평가는 다음과 같다.

김종석 외의 평가 5

자본주의 생산양식이라는 용어 자체가 마르크스주의 경제학에서 정립된 개념이며 느닷없이 이 부분에 등장하기에는 부적절한 개념이다. 더욱이 이 부분의 서술은 자본주의에 대한 마르크스주의 경제학 진영의 비판 문구를 그대로 따온 듯한 내용이며 앞뒤의 문맥과도 동떨어져 있다. 자본주의 시장경제가 다양한 상품의 소비를 통해 소비자 후생을 제고한다고 보는 주류 경제학과는 달리 마르크스주의 진영에서는 자본주의 시장경제는 끝없는 과잉생산의 문제에 부딪히며 그에 따라 다양한 방법으로 소비자들을 현혹하여 소비하도록 한다고 보고 있는데, 이 부분의 서술에서 그와 같은 관점이 엿보인다.

김종석 외는 앞서 서술한 〈사례 3〉에 대한 평가와 마찬가지로, 이 교과서 내용 역시 마르크스주의 경제학 진영에서 사용하는 용어를 썼다는 이유만으로 유형 7의 오류로 분류하고 있다. 그러나 여기서 지적된 내용은 베블런(T. Veblen)의 현대 소비사회 비판과 맥을 같이 하는 것이다. 비주류 경제학에서 만들어낸 모든 개념을 남김없이 교과서에서 배제해야 한다는 주장을 하려는 것이 아니라면, 이 정도의 소비사회 비판이 '좌파적 시각'으로 매도당해야 할 이유는 없다.

김종석 외의 비판에서 나타나는 한 가지 중요한 경향은 개인의 이익추구로 인한 문제점을 지적하는 것은 반시장적 논리이고, 세계화의 그 어떤 부정적 측면을 지적하는 것도 좌파적 논리라는 단순화라고 할 수 있다. 다음의 〈사례 6〉의 경우도 마찬가지다.

천재교육(전홍렬 외), 130쪽

유형 7의 오류

교과서 내용

가계지출의 유형과 경제사회

(중략)

수입상품의 소비가 증가하는 경우, 외국상품의 수입 증대로 인해 외환수요가 늘어나게 되면서 환율의 상승을 유발하게 된다. 환율의 상승은 곧 원자재 수입에 영향을 미쳐 국내 생산비용을 증가시키게 되고 전국 물가상승을 유발하게 된다. 뿐만 아니라 국산상품의 가격경쟁력마저 떨어뜨려 국제수지에도 악영향을 미친다.

(중략)

가계는 수입의 증가를 꾀하는 동시에 지출의 감소에도 최선의 노력을 기울여야 한다.

여기서 인용된 부분은 수입상품의 소비에 대해 부정적으로 설명

하고 있는 내용이다. 내용의 옳고 그름을 떠나, 이것이 유형 7로 분류
되고 있다는 점은 주목할 만하다.

사례 7_
두산(조도근 외), 126쪽

교과서 내용

탐구활동: 공기업의 민영화, 항상 바람직할 것인가?

(가) 4358명의 교통부 직원을 57명으로 줄였다는 뉴질랜드 정부의 개혁 소문이 내게는 끔찍한 괴담처럼 들렸다. 공무원을 줄이면 정부가 제공하는 서비스도 줄게 된다. (중략) 예를 들어 버스노선 중 적자노선은 즉각 폐지될 것이다. 그렇다면 산골 오지의 버스 통학생은 학교를 그만두어야 하는가?

공기업을 민영화하는 것만이 불황을 극복하는 방법은 아니다. 일례로 스웨덴 정부는 경쟁력을 잃은 조선공업을 살리기 위해 1977~79년 사이에 조선공업 근로자 전체 임금의 120%를 업계에 보조금으로 주었으며, 정부고용을 늘려 1987년까지 전체 근로자의 약33%를 정부부문에서 흡수했다. (중략) 복지 축소에 따른 생활의 불안을 절감하고, 개방과 경제의 논리에 기초하여 장관조차 외국인을 채용하는 현실에 절망한 나머지 똑똑한 젊은이들의 이민이 늘어나고 있다는 뉴질랜

드의 이야기는 우리가 배울 모범은 아니지 않는가? (○○○신문, 2001.7.7)

(나) 지방공기업 대부분이 주먹구구식으로 방만하게 운영되어 주민의 세금을 낭비함에 따라 자치단체의 재정에 오히려 부담만 주고 있다. (중략). 심지어 일부 공기업들은 존속기간이 끝났음에도 불구하고 남은 업무 수행을 이유로 매년 수억 원의 경비를 사용하면서 조직과 인력을 그대로 유지하고 있다. (○○일보 2001.4.30)

이에 대한 김종석 외의 평가는 다음과 같다.

김종석 외의 평가 7-1

공기업의 성격과 기능에 대해서 설명하는 단원에 이어서 나온 위의 탐구활동 자료는 학생들로 하여금 공기업의 민영화 필요성에 대해 편향된 사고를 기르게 할 우려가 있다. 형식적으로는 (가)와 (나)에 대해 각각 공기업 민영화에 반대와 찬성하는 의견을 병렬적으로 배치하고 있으나 반대논리는 내용도 길고 앞에 배치하였으며 '산골 오지의 버스 통학생은 학교를 그만두어야 하는가?' 라고 주장하는 등 학생들을 쉽게 움직일 수 있는 감성적 호소의 내용을 담고 있으나 찬성논리는 상대적으로 무미건조하고 사례도 구체적이지 않다.

이러한 평가는 매우 주관적이다. 반대논리가 앞에 배치되었다고 해서 반대논리를 은연중에 강조한다는 식의 주장이나 찬성논리가 무미건조하다는 지적은 거의 견강부회에 가까운 것이다. "남은 업무 수행을 이유로 매년 수억 원씩을 낭비"하는 지방공기업에 대한 예가 암묵적으로 공기업 민영화에 반대하는 입장이라고 할 수 있는 것인가도 의문이다.

두산(조도근 외), 132쪽

교과서 내용

탐구활동: 국경은 사라지는가?

그렇다면 세계화가 반드시 모든 사람들에게 이익을 가져다 줄 것인가? (중략) 그런데 세계화가 낳은 더 큰 어려움은 국내의 빈곤문제나 실업문제, 그리고 지역적 불균등발전을 누가 해결할 수 있을 것인가에 있다. 기업이 좀 더 큰 이익을 찾아 자유롭게 이동하고 각국 정부가 이러한 이동을 국가적 차원에서 규제하지 못한다면 어느 나라에는 빈곤이 심화되고 실업이 증가하는 등의 문제가 분명히 발생할 것이다. (자료: 김수행, 《알기 쉬운 정치경제학》, 서울대학교 출판부 2001)

이 교과서 내용에 대해 김종석 외는 두 가지 평가를 내리고 있다.

김종석 외의 평가 8-1

이 책의 저자는 기업환경의 변화에 대해 설명하는 과정에서 세계화와 관련된 내용을 또다시 실으면서 여전히 일방적으로 반세계화적인 내용만을 제시하고 있다. 기업에게 놓인 환경의 변화를 얘기하면서 사회적인 측면에서의 세계화의 장점과 단점을 논한다는 것 자체가 단원의 성격과는 맞지 않는 것일 뿐 아니라 학생들로 하여금 세계화를 우리에게도 이익이 될 수 있는 기회로 접근하는 것이 아니라 싫지만 외국의 강요로 어쩔 수 없이 받아들여야 하는 현상으로 느끼게 만들 가능성이 농후하다.

먼저 기업환경의 변화라는 관점에서 세계화에 관해 논하는 것 자체는 전혀 부자연스러운 일이 아님을 지적할 수 있다. 더구나 원래 교과서에서 이것은 '하나의 견해'라고 명시되어 있음에도 불구하고, 이를 문제 삼는 것은 지나치게 민감한 해석이다.

김종석 외의 평가 8-2

인용문의 내용 역시 오류를 담고 있음에도 불구하고 무비판적으로 소개되고 있어 학생들을 오도할 가능성이 있다. 윗글은 국내의 빈곤문제나 실업문제, 불균등발전 문제를 해결하기 위해 노력하는 주체는 바로 각국의 정부이며, 세계화는 오히려 국제교역과 투자유치의 활성화를 통해 이러한 문제들을 해결할 수 있는 좋은 정책수단이 될 수 있다는 점을 간과하고 있다. 더구나 기업이 세계화로 인해 더 큰 이익을 좇아 해외로 이동하게 되는 것은 국내의 경쟁력이 그만큼 낙후되어 있다는 의미로 해석될 수 있는데, 만약 그런 경우라면 정부가 기업의 이동을 규제한다 하더라도 이들이 생산하는 상품의 경쟁력 자체가 떨어지기 때문에 마찬가지의 문제가 발생하고 말 것이다. 결국 빈곤과 실업의 문제는 세계화로 인해 빚어

지는 것이 아니라 국내 경제여건을 향상시키지 않으면 피할 수 없는 것이라는 점
이다.

　이러한 평가는 세계화라는 상황에서 국민국가의 역할을 매우 강
조하고 있는 하나의 견해에 불과하다. 즉 국내의 빈곤이나 실업 문제,
불균등발전 문제를 해결하는 주체로 정부를 설정하는 것은 보고서 전
체의 시장친화적 논리와도 적절하게 어울리지 않는다. 이러한 논의의
정당성 여부를 떠나, 그 자체가 세계화 내지는 빈곤 문제에 대한 '하
나의 견해'를 가지고 다른 '하나의 견해'를 일방적으로 비판하고 있
을 따름이다.

사례 9_
천재교육(전홍렬 외), 258쪽

유형 4의 오류

교과서 내용

탐구활동 03: 국제수지의 최대적자국은 어느 나라일까?

전 세계 국가들의 외환보유고 중 64%가 달러화로 보유되고 있다. 미국이 세계경제의 통화 발행권을 가지고 있음으로써 얻는 직·간접적인 이익은 엄청나다. 외국 정부들이 달러로 외환보유고를 쌓는 데서 나오는 수익만 해도 연간 수백억 달러에 달하는 것으로 추산된다. 만약에 우리나라가 국제 금리보다 3~4%나 높은 금리를 지불하여 조달한 외환보유고가 400억 달러가 되면 15억 달러 이상의 순이자비용을 미국에 지불하게 된다.

이에 대해 김종석 외는 다음과 같은 평가를 내리고 있다.

김종석 외의 평가 9

외국 정부가 달러로 외환보유고를 쌓는다 해서 미국이 직접적으로 이자소득을 얻는 것처럼 서술하고 있는 이 부분의 설명은 학생들을 오도할 수 있는 내용이다. 외환위기 때처럼 미국에서 돈을 빌려와서 외환보유고를 쌓는다면 당연히 이자를 지불해야겠지만, 현재와 같이 국제수지 흑자를 통해 쌓인 외환보유고에 대해 미국에 이자를 지불할 이유는 없는 것이다.

이는 이른바 유형 4의 오류, 즉 '부적절한 사례 들기'의 예로 지적된 것이다. 예시된 교과서의 서술이 다소 부정확한 점은 있으나, 이에 대한 〈평가 9〉는 친세계화의 논리에 지나치게 충실한 나머지 오히려 잘못된 비판을 하고 있다. 대부분의 개발도상국들이 자본시장 개방이후 금융위기를 우려하여 외환보유고를 쌓아둘 뿐만 아니라 금리가 낮은 미국 국채의 형태로 그렇게 함으로써 미국이 이자소득을 얻는 것은 물론 개도국 입장에서는 기회비용의 측면에서 손실을 입는 게 사실이기 때문이다.[7]

교학사(오영수), 123쪽

교과서 내용

우리나라는 1960~70년대에 정부 주도의 경제개발계획을 추진해 오는 과정에서 모든 자원의 배분이 경제논리보다는 정치논리에 의해 좌우되어 왔다. 그러다 보니 때로는 정치권력과 기업이 유착되는 경우도 있었고, 그것은 곧 기업경영의 불투명성으로 이어져 왔다.

이에 대해 김종석 외는 다음과 같은 평가를 내리고 있다.

김종석 외의 평가 10

부정확한 표현이다. 주로 수출주도형 경제를 이룩하면서 국제경쟁력을 갖춘 기업에 자원이 집중되다 보니 저소득층 및 소외된 계층에 대한 배려가 부족했다고 보는 것이 타당할 것이다.

여기서는 유형 7, 즉 '비주류적인 해석, 좌파적 시각 또는 반세계화적 태도'의 글을 대기업이나 정치권력의 입장을 옹호하는 쪽으로 바꿀 것을 완곡하게 주문하고 있다. 즉 경제개발 과정에서 "때로" 정치권력과 기업의 유착 및 기업경영의 불투명성이 있었다는 서술에 대해 "기업에 자원이 집중되다 보니 저소득층 및 소외계층에 대한 배려가 부족했다"는 식으로 주장하여 교과서의 문제제기 자체를 희석시키고 있다.

사례 11_
천재교육(전홍렬 외), 279쪽

유형 7의 오류

교과서 내용

오늘날 신자유주의, 정보화의 순기능과 역기능을 둘러싼 논쟁이 활발하다. 다국적 비정부기구 등 반세계화 운동가들은 세계화와 신자유주의는 저성장과 실업문제를 해소하기는커녕 국가 간 개인 간의 빈부격차를 확대시키고, 고용불안을 가중시키며, 문화의 고유성과 다양성, 인권과 환경을 파괴하는 주범이라고 비판한다.

이에 대해 김종석 외는 다음과 같이 평가하고 있다.

김종석 외의 평가 11

세계화와 반세계화는 교과서에서 이처럼 양비론적으로 접근할 문제는 아니다. 위에 인용된 내용뿐 아니라 마지막 소절의 전반적인 내용이 이처럼 양비론적인 입장을 서술하고 있는데, 이는 부적절한 접근방법이다. 그보다는 세계화의 필연성과 그 성과를 설득력 있게 설명하고 세계화에 반대하는 목소리가 나오는 근본적 원인-반세계화 운동의 저변에는 각국의 경쟁력 없는 부문의 종사자들의 이해가 작용하고 있음-을 적시해주는 것이 바람직할 것이다.

교과서는 신자유주의적 세계화의 부작용에 대한 문제제기를 '순기능과 역기능을 둘러싼 논쟁'의 일례로 서술하고 있다. 이에 대해 김종석 외는 예의 유형 7의 오류로 지적하면서 세계화의 긍정적 효과를 일방적으로 강조하고 있다. 즉 이제 세계화와 반세계화는 양비론적으로 접근할 대상이 아니며 "필연성과 그 성과를 설득"해야 하는 주제로 변환된다. 한걸음 더 나아가 반세계화의 목소리는 경쟁력 없는 부문의 목소리에 지나지 않는다는 이데올로기적 선전까지 추가된다.

맺음말

이상에서 간단하게 김종석 외에서 지적된 부적절한 서술의 사례들을 살펴보았다. 특히 이념적 논쟁의 소지가 있는 유형 5~8에 속하는 오류로 지적된 것들은 대부분 필자들의 강한 가치판단(예를 들어 세계화나 시장경제, 소득분배 등에 대한 지나치게 낙관적이며 긍정적인 견해)에 기초한 것이 대부분임을 확인할 수 있다.

가령 사례 1에서처럼 세계화에 대한 반대논리 두 가지를 소개하고 토론을 해보도록 권유하는 부분에 대한 코멘트로 "세계화가 삶의 질을 파괴한다거나 노동자들의 주체성을 희생시킨다는 주장은 전혀 근거가 없거나 현실과 오히려 반대된다는 것이다"라는 등의 비판을 하다가, 사례 11에 대한 평가에서는 아예 세계화에 대한 문제제기 자체를 봉쇄할 것을 요구한다.

실제로 현재의 교과서는 대부분 주류 경제학의 경제원론 체계에서 크게 벗어나지 않고 있기 때문에 "좌파적 시각" 운운하는 비판들은 대부분 별다른 근거가 없거나, 조그만 서술을 침소봉대한 이데올로기 공세인 경우가 대부분이라고 판단된다. 오히려 현행 경제교과서가 경제문제를 보는 관점은 보는 이의 물질적 이해관계에 따라 달라질 수 있다는 점, 사회과학으로서의 경제학 그 자체가 물질적 이해관계의 반영이라는 점을 강조할 필요가 있다는 점은 전혀 고려되고 있지 않다.

주석

1 이에 덧붙여 유형 4의 오류(부적절한 사례 들기)에서도 이데올로기적 공세라고 볼 수 있는 비판
  들이 포함되어 있다.
2 물론 이렇게 비판한다고 해서 우리가 현행 경제교과서에 아무런 문제도 없다거나 그것을 전폭적
  으로 지지하는 입장을 취하는 것은 결코 아니다. 다만 이데올로기적 비판의 대상이 되는 부분들
  에 대한 비판의 잣대에 관해 지적할 따름이다.
3 반세계화를 주장하는 다양한 경제이론의 내용에 대해서는 류동민(2005)을 참조하라.
4 이러한 사례는 일일이 지적하는 것이 귀찮은 정도로 많다. 예를 들어 김종석 외(2005), 45쪽에서
  는 '시민운동을 통한 시장실패의 보완'을 지적한 두산(조도근 외) 및 법문사(윤동균 외)의 교과
  서에 대해 시민단체의 실패 가능성에 대한 지적 없이 "시민운동의 순기능만을 강조함으로써 자칫
  편향된 믿음을 심어줄 우려가 있다"고 지적한다. 그러나 이러한 비판에 대해서는 "시장 및 세계
  화의 순기능만을 강조하는 편향된 주장"이라는 비판을 되돌려줄 수 있을 것이다.
5 또한 이 단락은 예의 '경제교과서는 경제문제에만 집중해야 한다'는 논리에 기초한 비판임에 주
  목할 필요가 있다.
6 대구시립대학교경제연구소편(1979), 645쪽. 흥미롭게도 수정자본주의라는 주장은 '경영자혁명
  론', '주식 민주화론', '대기업의 사회적 책임론'으로 이루어져 있는데, 이런 것들이 현재 한국의
  논쟁맥락 속에서 전경련이나 친시장주의적 경제학자들이 가장 민감하게 반응하는 내용들이라는
  점은 흥미롭다.
7 동아시아의 경우 이러한 비용이 국내총생산(GDP)의 1~2%에 이른다는 연구결과도 있다. 이강
  국(2005), 85쪽

참고문헌

김종석 외(2005), 《고등학교 경제교과서 내용검토》, KDI 경제정보센터
류동민(2005), 〈세계화 비판의 논리와 쟁점〉, 유재원·임혜준 편, 《세계화와 개방정책: 평가와 과
　　제》, 대외경제정책연구원
이강국(2005), 《다보스, 포르투 알레그레 그리고 서울: 세계화의 두 경제학》, 후마니타스
大阪市立大學經濟究所編(1979), 《經濟辭典》第2版, 岩波書店
Stiglitz, J. (2002), 송철복 옮김, 《세계화와 그 불만》, 세종연구원

전국경제인연합회 편찬
중학교 경제교과서의 기본 시각과 문제점

최종민(전북대학교 사회교육학부)

머리말

전국경제인연합회는 최근에 미국 경제교육협의회의 중학교 경제교과서와 경제교육 지침서를 우리나라 실정에 맞도록 번역하고 수정하여 중학교 경제교과서와 교사용 지도서를 출간했다. '반기업적, 반시장적'인 분위기를 반전시키면서 8차 경제교과서 개정안을 '친기업적, 친시장적'인 방향과 내용으로 재편, 강화하기 위한 '절묘한' 포석의 하나로 경제교과서를 출간한 것이다.

중학교 3학년 사회교과서의 경제 관련 내용이 국민공통기본교육과정이라는 큰 틀 속에서 두 단원으로 한정되어 있는 것과는 달리, 전경련의 경제교과서는 여섯 가지 역할을 중심으로 하나의 완성된 체계를 갖추고 있다. 그리고 중학교 3학년 사회교과서 경제 관련 내용이 지식과 개념 위주로 구성되어 있어 교재의 성격을 가지고 있는 것과는 달리, 전경련의 경제교과서는 역할놀이와 시뮬레이션 위주로 구성되어 있어 학습자료의 성격을 가지고 있다.

그럼에도 불구하고 전경련의 경제교과서는 기본적으로 기업 및 시장제일주의적, 신자유주의적, 친미개방주의적인 내용과 시각으로 구성되어 있다는 문제점을 가지고 있다. 또한 현실적으로 우리나라 교육여건상 일선 교육현장에서 활용될 가능성이 매우 낮다는 문제점을 가지고 있다. 따라서 이러한 문제점이 보정되어야만 전경련의 경제교과서는 교과서로서의 생명력을 유지할 수 있을 것으로 판단된다.

절묘한
포석

01

경제교육에 대한 관심이 그 어느 때보다 뜨거운 가운데 전경련이 최근에 중학교 경제교과서 《즐겁게 배우는 체험경제》와 《교사용 지도서》를 발간했다.[1] 전경련이 발간한 경제교과서와 지도서는 전경련의 순수한 저작물은 아니다. 미국 경제교육협의회(NCEE; National Council on Economics Education)가 펴낸 《중학교 경제교과서(Middle School Economics)》와 《경제교육 지침서(Focus: Middle School Economics)》를 번역하여 우리나라 실정에 맞도록 수정한 것이다. 전경련의 경제교과서와 지도서 발간은 그동안 재계를 중심으로 산발적으로 이루어져 오던 경제교육과 경제교과서 등에 대한 문제제기, 한국경제학회의 '경제학교육위원회' 설치 및 심포지엄 개최,[2] 뉴라이트 진영 '교과서포럼'의 심포지엄 개최,[3] 재정경제부 등 5개 기관의 교과서 분석[4] 등의 연장선상에 있는 것이면서, 기존의 논의를 한단계 끌어올린 것으로 일단 평가할 수 있다.

그렇다면 전경련의 경제교과서 발간이 기존의 경제교육과 경제교과서의 문제점에 대한 논의를 한단계 업그레이드시켰다고 보는 구체적인 이유는 무엇인가? 전경련의 경제교과서와 교사용 지도서 발간은 무엇 때문에 이루어졌고 그 의미는 무엇인가? 이런 물음에 답하기 위해서는 우선 경제교과서 내용을 직접적으로 규정해 왔던 7차례에 걸친 교육과정의 변천과정을 올바로 이해할 필요가 있다. 이 같은 필요성에 입각해 중고등학교 경제교육 편제가 어떻게 변화해 왔는가를 정리한 것이 〈표 1〉이다.

〈표 1〉에서 우리는 전경련이 경제교과서를 발간한 이유와 목적을 밝힐 수 있는 몇 가지 중요한 단서를 포착할 수 있다.

그것은 첫째, 우리나라 교육과정과 그에 따른 중고등학교 경제교육 편제는 주로 정권교체 등과 같은 정치적인 조건에 따라 변화해 왔다는 것이다.

둘째, 중학교 경제교육은 시종일관 '공민' 또는 '일반사회'의 영역에 포함되어 이루어져 왔고 고등학교 경제교육은 5차 교육과정까지 '일반사회' 또는 '정치/경제'라는 과목에 통합되어 이루어져 왔다는 것이다. 그런데 이 시기는 정치적으로는 해방공간에서의 혼란과 혼돈(미군정→정부수립→한국전쟁→5.16 군사쿠데타)에 이어 군부독재정치(박정희→전두환→노태우)가 판을 치던 때였고, 경제적으로는 양적 경제성장 드라이브에 이어 경제민주화 및 경제개방에 대한 대내외적인 요구가 점증하던 때였다. 따라서 이러한 정치/경제적 모순과 충돌은 '국가주의' 교육이념[5] 및 이론 중심 교육내용으로 구성된 통합교과 속에서 경제교육이 이루어지도록 묶어놓는 결정적인 원인으로 작용했다.

셋째, 6, 7차 교육과정에서의 고등학교 경제교육은 기본적으로는 5차 교육과정까지와 마찬가지로 '공통사회 상(일반사회)', '사회'라는 과목에 통합되어 이루어졌지만, 경제과목이 독립된 선택과목으로 편성되었다는 것이다. 그런데 이 시기는 정치적으로는 민간인 출신의 정치인(김영삼→김대중→노무현)이 연이어 집권하던 때였고, 경제적

〈표 1〉 중고등학교 경제교육 편제의 변천과정

구분 / 교육과정	시기	이념	경제교육 편제	
			중학교	고등학교
교수요목기	1946~1953		공민+역사+지리	
1차	1954~1963	교과 중심	공민+역사+지리	일반사회
2차	1963~1973	경험 중심	지리(1학년), 역사(2학년), 일사(3학년)	일반사회, 정치/경제
3차	1973~1981	학문 중심	지리(1학년), 역사(2학년), 일사(3학년)	정치/경제
4차	1982~1987	인간 중심	1학년(일사+지리) 2학년(지리+역사) 3학년(일사+역사)	일반사회 (정치/경제)
5차	1988~1995	인간 중심	1학년(지리+역사) 2학년(역사+일사) 3학년(일사+지리)	정치/경제
6차	1995~2001	인간 중심	1학년(지리+역사) 2학년(지리+역사+일사+국사) 3학년(지리+일사+역사)	필수: 공통사회상(일반사회), **선택: 경제**
7차	2002~	인간 중심	1학년(지리+세계사) 2학년(세계사+일사) 3학년(일사+지리)	국민공통기본교과: 사회 일반선택과목: 인간사회와 환경, 생활경제 **심화선택과목: 경제**

주 : 교육과정별 '시기'는 고시연도와 적용시기에 따라 약간의 차이가 있을 수 있음.

으로는 양적 성장에 따른 경제규모의 확대로 경제의 중요성이 크게 부각될 수밖에 없었고 경제민주화 및 경제개방에 대한 대내외적인 요구를 점진적으로 수용해나갈 수밖에 없었던 때다. 따라서 비록 경제과목이 선택과목이기는 하지만 독립과목으로 편성되어 운용될 수 있었고, 경제교과서는 시대정황상 교육이념으로서의 '국가주의'가 퇴색될 수밖에 없었던 반면에 학생들의 이해를 돕기 위해 자료나 사례, 그리고 예문 등이 곁가지로 들어가긴 했지만 여전히 경제이론을 중심으로 구성되었다. 바로 이 점 때문에 경제교과서가 너무 어렵고 '반기업적, 반시장적'인 내용으로 구성되어 있으며 경제교육이 현실경제를 이해하는 데 도움이 안 된다는 비판이 꾸준히 제기되어 왔고,[6] 이 점을 보완하고 수정하려는 노력의 일환으로 민간경제연구소, 중앙은행 등이 나서서 경제교과서를 펴내기도 했다.[7] 이상의 논의에다가 앞으로 경제의 중요성이 날로 커질 수밖에 없다는 자명한 사실을 결부시켜 판단해 보면, 머지않은 장래에 중고등학교에서 경제교육의 비중이 확대될 수밖에 없고 적어도 고등학교에서는 경제과목이 필수과목이 될 가능성이 있다고 할 수 있다.[8]

그렇다면 지금은 어느 때인가? 지금은 절차적 민주주의와 신자유주의(neo-liberalism)가 확산되고 있는 가운데 전경련의 우군이라고 할 수 있는 뉴라이트 진영이 세력화하면서 구체적인 움직임을 보이고 있는 때다.[9] 또한 지금은 8차 교육과정 개정안에 대한 논의가 진행 중인 시기다. 그런데 한창 논의가 진행 중인 8차 교육과정 개정안은 주로 정권교체 등 정치적인 조건의 변화에 따라 개정되어 왔던 7차 교육과정까지와는 달리 현재 시행 중인 7차 교육과정의 문제점을 보완하고 수정하기 위한 것이다. 요컨대 지금은 자본가 집단의 결사체인 전경련이 제 목소리를 내기에, 그리고 자신들이 판단하기에 '반시장적, 반기업적'인 국민정서를 반전시키기에 아주 좋은 시점이다. 이 절묘한 시점을 놓치지 않고 그동안 절치부심해 온 전경련이 중학교 경제교과서와 지도서를 발간한 것이다.

한편 전경련은 중학교 경제교과서와 지도서 발간에 그치지 않고 한걸음 더 나아가 관련 주요 정부부처(교육인적자원부, 재정경제부), 중앙은행(한국은행), 관련 학계(KDI, 한국경제교육학회, 한국경세학회, 교과서포럼), 주요 경제단체(대한상공회의소, 무역협회, 중소기업중앙회, 경영자총연합회) 등과 협력하여 '친시장적, 친기업적'인 내용으로 구성된 '8차 경제과목 교육과정 개정안'을 철저히 준비하여 그대로 관철시킨다는 계획을 수립하고 이를 실행해 나가고 있다.[10]

이상의 논의를 종합하면, 전경련의 중학교 경제교과서 및 지도서 발간은 현재까지의 이른바 '반시장적, 반기업적'인 경제교육에 대한 비판론의 '결정판'인 동시에 2009년부터 적용될 8차 경제과목 교육과정을 '친시장적, 친기업적'인 방향과 내용으로 재편하고 강화하기 위한 '디딤돌'이다. 따라서 전경련의 중학교 경제교과서 및 지도서 발간은 '절묘한' 시기에 이루어진 기가 막힌 '포석'이라고 할 수 있다.

다음에서는 전경련이 발간한 경제교과서의 주요 내용과 기본시각, 그리고 문제점 등에 대해 순차적으로 검토해보기로 하자.

주요 내용

현행 7차 교육과정에서 중학교 경제교육은 국민공통기본교육과정 9
학년(중학교 3학년) 사회에 통합되어 이루어지고 있으며, 분량은 총 일
곱 단원 가운데 두 단원이 할애되고 있다. 〈표 2〉에서 알 수 있는 바와
같이, 중학교 사회의 경제 관련 두 단원은 국민공통기본교육과정에서
본격적인 경제교육의 도입부분('미시경제학'의 기초)으로 경제문제를
합리적으로 해결하기 위한 민주시민의 경제적 역할, 시장경제 작동의
기본원리 등을 다루고 있다. 그리고 이것은 '거시경제학'의 기본개념
(국민소득, 물가, 고용, 국제수지 등)과 국민경제의 순환과정을 다루고
있는 고등학교 1학년(10학년) 사회의 'Ⅷ 국민경제와 합리적 선택[11]'
의 '1 국민소득과 경제성장, 2 현대 경제문제와 해결방안, 3 세계시장
의 경제협력과 경쟁'으로 연결된다.

한편, 전경련이 발간한 중학교 경제교과서《즐겁게 배우는 체험경
제》는 〈표 3〉에서 알 수 있는 바와 같이 학생들이 장차 사회에서 수행

<표 2> 중학교 3학년 사회교과서의 경제 관련 주요 내용

II 민주시민과 경제생활	III 시장경제의 이해
1. 경제문제의 합리적 해결	1. 시장경제의 특성
2. 경제체제의 변천과정	2. 가격의 결정과 변동
3. 민주시민의 경제적 구실	3. 시장경제의 발전과제

하게 될 여섯 가지 역할(의사결정자, 소비자, 근로자, 시민, 저축자, 세계경제 참여자)을 중심으로 총 여섯 단원으로 구성되어 있다. 이 교과서는 학생들이 이러한 여섯 가지 역할과 경제체제를 연결하여 생각해보는 '도입학습 : 경제적 역할 찾기 게임'으로 시작하고 있고, 본문에서 학습한 경제개념과 역할을 점검하는 '마무리학습 : 경제적 역할 게임 퀴즈'에 이어 '경제개념 정리'로 끝내고 있다. 이러한 구성체계는 국

<표 3> 전경련 편찬 경제교과서의 주요 내용

도입학습 : 경제적 역할 찾기 게임	
I 합리적인 의사결정자	IV 책임 있는 시민
제1과 가지 않은 길	제10과 돈은 어디로 가는가?
제2과 주고 받기	제11과 돈은 어디에서 오는가?
II 똑똑한 소비자	제12과 국가는 무엇을 소비하는가?
제3과 시장, 어느 시장으로	제13과 섬나라 경제
제4과 얼마나 많이 살 것인가?	제14과 공짜 점심은 없다
제5과 수요의 이동 요인	V 사려 깊은 저축자
제6과 인플레이션	제15과 저축자와 차용자
III 생산적인 근로자	VI 세계경제의 참여자
제7과 나마내 티셔츠 회사의 의사결정	제16과 개척지 사람들
제8과 얼마나 팔아야 할까?	제17과 나를 가로막지 말라
제9과 어떻게 하면 보다 많은 이윤을	마무리학습 : 경제적 역할 게임 퀴즈
얻을 수 있을까?	경제개념 정리

〈표 4〉 경제개념과 각 과 간의 상호관계

경제개념 \ 과	도입	1	2	3	4	5	6	7	8	9	10	11	12	13	14	15	16	17	마무리
희소성		●						●											
기회비용과 맞교환관계		●	●												●				
생산성								●											
경제체제	●																		●
경제제도와 유인체계										●						●			
교환, 화폐, 상호의존성																	●		
시장과 가격				●	●														
수요와 공급					●	●			●										
시장실패											●								
정부의 역할											●	●			●				
국내총생산(GDP)													●	●					
인플레이션							●												
재정정책																			
절대우위와 비교우위, 무역장벽																	●	●	
표								●		●	●	●	●						
그림과 그래프		●	●		●	●			●						●				
비율과 백분율			●								●	●	●						

출처: 전경련 편, 《즐겁게 배우는 체험경제》, 9~10쪽 및 《교사용 지도서》 18~19쪽

참고: 경제개념별 관련수업 사례를 정리한 이 표와 관련하여 경제교과서와 교사용 지도서가 범하고 있는 오류에 대해서는 본문의 주석 12)를 참조하기 바람.

민공통기본교육과정의 경제 관련 내용 구성체계와는 다른 '이색적' 인 것이다.

〈표 3〉과 같이 '도입→6단원 17과→마무리'로 구성돼 있는 전경 련의 경제교과서에는 미국의 21개 표준 경제개념 가운데 〈표 4〉에 나타나 있는 16개의 경제개념[12]이 들어가 있다. 그것은 희소성, 기회비용과 맞교환관계, 생산성, 경제체제, 경제제도와 유인체계, 교환/화폐/상호의존성, 시장과 가격, 수요와 공급, 시장실패, 정부의 역할, 국내총생산(GDP), 인플레이션, 절대우위와 비교우위 및 무역장벽, 표, 그림과 그래프, 비율과 백분율이다. '17과 16개 경제개념'이라면 대략 '1과 1개념' 정도로 생각하기 쉬우나, 전경련의 경제교과서는 하나의 개념을 여러 과에서 중복해 설명하는 방식(1개념 여러 과)을 취하고 있다. 사실 이러한 설명방식은 전혀 새로운 것이 아니다. 중학교 3학년 사회교과서도 이런 설명방식을 취하고 있기 때문이다. 차이가 있다면 그것은 교과서 앞부분에 〈표 4〉와 같은 '자상하면서도 섬세한 노력'을 표현하고 있느냐 그렇지 않느냐 하는 것뿐이다.

한편, 교사용 지도서는 전경련의 경제교과서가 〈표 5〉에 표시된 바와 같이 국어, 수학, 비판적 사고력, 지리, 역사, 사회/윤리 과목과 밀접한 관련을 가지고 있기 때문에 이들 과목에 대한 중학생들의 학습능력을 향상시키는 데도 도움이 된다고 쓰고 있다. 그러나 이 점 역시 그렇게 표현하고 있느냐 그렇지 않느냐의 차이만 있을 뿐 중학교 3학년 사회교과서와 비교해 볼 때 전혀 색다른 부분은 아니라고 판단된다.

이상에서 살펴본 바와 같이, 중학교 3학년 사회교과서의 경제 관

<표 5> 각 과와 내용영역 간의 상호관계(심화활동을 포함함)

과 \ 과목	국어	수학	비판적 사고력	지리	역사	사회/윤리
도입학습	●	●	●			●
1	●		●		●	
2	●	●				
3	●	●		●		
4	●	●				
5	●	●				
6	●					
7	●	●	●			
8	●	●				
9	●	●				
10	●	●				●
11	●	●	●			●
12	●	●				●
13	●					●
14	●		●			●
15	●		●			
16	●	●			●	
17	●				●	
마무리	●		●			●

출처: 전경련 편, 《교사용 지도서》 17쪽
참고: 이 표는 원서와 교사용 지도서에는 있지만 경제교과서에는 없음.

련 주요 내용과 전경련이 편찬한 경제교과서의 주요 내용은 크나큰 차이를 보이고 있다. 그 이유는 무엇일까? 중학교 3학년 사회교과서 는 교육인적자원부 장관의 검정을 받은 검정도서[13]인 데 비해, 전경련 의 경제교과서는 기존의 검정도서를 보충할 필요가 있다고 판단한 교육인적자원부 장관으로부터 '사실상'의 인정을 받은 인정도서[14]이기 때문이다. 이 점에 대해 부연하여 설명하면 다음과 같다.

중학교 3학년 사회교과서가 검정도서라는 말은 교육인적자원부의 '교육과정 해설서'와 '검정도서 집필상의 유의점'이라는 '교과서 집필 지침'에 따라 집필자(저자)가 집필한 것을 집필자나 발행자(출판사)가, 또는 공동으로 검정 신청을 하여 한국교육과정평가원의 검정을 거친 도서를 가리킨다.[15] 따라서 중학교 3학년 사회교과서는 '집필 지침'에 따라 집필된 것이기 때문에 저자와 상관없이 모든 교과서의 내용이 대동소이할 수밖에 없다. 또한 중학교 3학년은 국민공통기본교육과정이라는 큰 틀 속에서 진행되는 하나의 단계인 9학년에 불과하기 때문에 경제 관련 교과서의 내용은 〈표 2〉와 같이 제한적으로 구성될 수밖에 없다. 따라서 현재 시중에 나와 있는 중학교 3학년 사회교과서 중 어느 것을 가지고 학습하더라도 중학교 과정에서 경제교육의 목표인 경제적 사고와 합리적인 문제해결 능력을 배양하기란 전적으로 불가능하다. 그런데 경제의 중요성은 날로 커지고 있다. 이와 같은 사정을 파악한 전경련은 중학교 3학년 사회교과서의 경제 관련 내용을 보충할 필요가 있다는 이유를 내세워 서울특별시 교육청에 인정도서 신청을 했고 원하는 바대로 인정을 받아 경제교과서를 발간할 수 있었다.[16] 따라서 중학교 3학년 사회교과서와는 달리 전경련의 경제교과서는 하나의 완성된 체계를 갖추고 있다.

그렇다면 중학교 3학년 사회교과서와 전경련의 경제교과서 간에 교과서 내용 구성의 중요한 축 가운데 하나인 교수-학습 방법상의 차이는 없는가? 이에 대해 전경련은 《즐겁게 배우는 체험경제》는 미국 등 선진국에서 발달한 교수-학습 방법인 시뮬레이션, 역할놀이, 토의 학습, 협동학습 등을 통해 핵심적인 경제개념을 학습할 수 있고 경제적 사고를 확장할 수 있도록 개발된 '체험식' 교과서라는 것을 강조한다. 전경련의 주장이 전적으로 잘못된 것은 아니다. 그렇다고 중학교 3학년 사회교과서가 선진국의 교수-학습 방법과 거리가 먼 것도 아니다. 중학교 3학년 사회교과서 역시 자기 주도적으로 학습해 갈 수 있도록 주제별로 여러 가지 학습자료와 활동자료를 제시하고 있고, 학습주제에 대하여 자기 자신의 수준에서 문제의식을 가지고 학생 스스로 조사하고 토의하고 발표할 수 있도록 구성되어 있기 때문이다.

다만 교수-학습 방법상 두 교과서 간에 큰 차이를 보이고 있는 것이 한 가지 있다. 그것은 중학교 3학년 사회교과서의 본문은 활자로 가득한 긴 설명문을 중심으로 하고 그림, 표, 삽화를 활용한 탐구, 토론, 발표 자료 등이 곁가지로 들어가 있는 데 반해, 전경련 경제교과서의 본문은 그림, 표, 삽화를 활용한 역할놀이와 시뮬레이션을 중심으로 하고 탐구, 토론, 발표 자료 등은 설명문 형식의 곁가지로 되어 있다는 점이다.[17]

간단히 말하자면, 중학교 3학년 사회교과서는 먼저 경제이론을 학습한 후에 이를 토대로 경제현실을 파악하는 방식을 취하고 있고, 전경련의 경제교과서는 경제현실에 대한 이해를 토대로 경제이론에 접근해 가는 방식을 취하고 있다. 따라서 중학교 3학년 교과서는 외형에서부터 내용에 이르기까지 대부분의 학생들에게 심리적인 부담과 스트레스를 주는 반면에 전경련의 경제교과서는 즐겁게 여섯 가지 역할놀이를 하면서 자연스럽게 16개의 경제개념을 익히고 경제적 사고를 기를 수 있도록 짜여 있다.

우리나라와 미국의 이러한 교수-학습 방법상의 차이는 우리 아이들이 암기력에서는 앞서지만 경제적 사고에 입각한 문제해결 능력은 미국 아이들에게 뒤처지는 결과를 낳고 있다. 따라서 역할놀이와 시뮬레이션에 입각한 교수-학습 방법이 교과서 내용 그 자체인 전경련의 경제교과서는 곧 개정될 8차 교육과정에 따른 경제교과서의 내용이 어떤 방향에서 구성되어야 하는가에 대해 하나의 시사점을 주고 있다고 판단된다.

이상에서는 전경련 경제교과서의 주요 내용을 살펴보았다. 그런데 주요 내용과 기본시각은 동일선상에 있는 것으로 서로 밀접한 관련을 가지고 있다. 따라서 전경련 경제교과서의 구체적인 내용은 이어서 고찰하게 될 '기본시각' 과 관련지어 살펴보기로 하자.

기본 시각

지금까지의 내용 검토를 통해 우리는 전경련 경제교과서가 기본적으로 기업 및 시장 제일주의, 신자유주의, 친미 개방주의에 입각한 것임을 자연스럽게 파악할 수 있다. 이 세 가지 시각은 근본적으로 일맥상통하는 것이지만 뉘앙스가 약간씩 다르다. 설명의 편의를 위해 여기서는 이 세 가지 시각을 각각 구별하여 살펴보기로 한다.

기업 및 시장 제일주의

이미 앞에서 살펴본 바와 같이, 전경련의 경제교과서는 개인이 사회에서 수행하게 될 여섯 가지 경제적 역할(합리적인 의사결정자, 똑똑한 소비자, 생산적인 근로자, 책임 있는 시민, 사려 깊은 저축자, 세계경제 참여자)을 '도입학습'으로 설정한 다음에 각각의 경제적 역할을 보다 구체화한 여섯 단원의 '본문'에 이어 경제적 역할을 제대로 이해했는가를 퀴즈로 풀어보는 '마무리학습'으로 구성되어 있다(〈표 3〉 참조).

그렇다면 사회에서 이러한 여섯 가지 경제적 역할을 수행하는 '개인'은 과연 구체적으로 누구인가? 전경련의 '교사용 지도서'를 잘 살펴보면 이러한 여섯 가지 역할을 수행하는 개인은 우리가 익히 알고 있는 바와는 달리, 그리고 기존의 경제교과서에서와는 달리 '소비자'가 아닌, 바로 '기업가(entrepreneur)'에 준점을 둔 개인이라는 사실을 파악할 수가 있다. 왜냐하면 《교사용 지도서》(23쪽)에 의하면 '제1과 가지 않은 길'에 굳이 포함되지 않아도 될 것으로 판단되는 '학습절차'로 '9 기업가라는 단어의 기원, 10 기업가와 기업가 정신에 대한 매우 긍정적인 의미 부여, 11 기업가들이 일정한 위험을 감수했던 시기에 대한 사례 제시, 12 우리나라의 대표적인 산업의 대표적인 기업과 기업가 알아보기, 13 기업가의 의사결정과 기회비용과의 관계 설명' 등이 들어가 있기 때문이다. 따라서 전경련의 경제교과서는 어떻게 하면 그런 기업가가 될 수 있는가에 초점을 맞추고 있다고 볼 수 있다. 바로 이 점이 전경련 교과서의 매우 독특한 점이다.

여기서 주목하지 않으면 안 되는 중요한 사실 두 가지가 있다. 하나는, 조금 전에 지적한 바와 같이 전경련의 경제교과서는 기업가를 생산적인 '근로자'(Ⅲ단원)[18]로 보면서 다른 한편으로는 '생산자'[19]로 본다는 사실이다. 기업가를 생산자, 다시 말해서 공급자로 보는 것은 우리가 알고 있는 보편적인 경제개념 정의와 일치하는 것이지만, 기업가를 근로자로 볼 수 있는가 하는 점에는 강한 의문이 남는다.[20] 어떻든 간에 기업가를 생산적인 근로자로 보는 전경련 경제교과서의 시각은 다음과 같은 의미를 가지고 있다고 판단된다. 기업가는 결코 놀

고먹는 사람이 아니라 일하는 사람이라는 것이다. 전경련의 '교과용 도서'[21]에서는 기업가를 제1과의 워커 부인(Madam C. J. Walker)처럼 다른 사람이 가지 않은 길을 가는 개척지 사람들(제16과), 천연자원/인적자원/자본을 활용하여 소비자에게 재화와 서비스를 생산하고 판매함으로써 이윤을 추구하는 사람, 경쟁의 위험과 미래의 불확실성을 끊임없는 자기혁신과 도전을 통해 극복해 가는 사람, 창조적이고 재치와 수완이 뛰어나며 혁신적인 사고를 가진 사람이라고 대단히 긍정적으로 묘사하고 있는 점이 이를 뒷받침한다. 따라서 이러한 기업가가 경영하는 기업은 당연히 경제의 출발점이자 귀결점이며 가장 중요한 경제주체라는 것이다.

우리가 주목하지 않으면 안 되는 또 다른 하나는, 기업가를 "지구촌 경제에서 생산자, 소비자 및 투표권을 가진 시민"으로서 '세계경제의 참여자'라고 본다는 사실이다. 이것은 기업가가 국경을 초월하여 세계시장을 무대로 자유롭게 활동하면서 새로운 시장을 개척해 나갈 때(제16과 개척지 사람들, 제17과 나를 가로막지 말라) 세계, 국가, 개인의 경제적 수준이 향상된다는 믿음에 기초한 것이다.

이상의 두 가지 사실에서 전경련의 경제교과서가 의식적으로 기업 제일주의를 영원히 변하지 않을 역사발전의 철칙으로, 인류의 보편적 가치 내지는 단일의 보편적 문명으로 보고 있다는 것을 알 수 있다. 전경련 경제교과서의 이러한 기업 제일주의적 시각은 애덤 스미스가 '보이지 않는 손'으로 규정한 시장 제일주의로 직결된다는 것은 두말할 필요가 없을 것이다.

신자유주의

전경련의 경제교과서는 한 나라의 국내총생산(GDP)이 가계에 의한 소비지출과 기업에 의한 투자지출, 그리고 정부지출 및 해외부문의 순수출을 모두 합한 것임을 인정하면서도(제12과 국가는 무엇을 소비하는가, 제13과 섬나라 경제), 앞에서 지적한 바와 같이 이것을 결정짓는 가장 중요한 변수는 기업(가)이라는 점을 분명히 하고 있다. 때문에 전경련의 경제교과서는 네 경제주체 가운데 정부(국민국가)에 관해서는 정부지출(제10과 돈은 어디로 가는가)과 정부수입(제11과 돈은 어디에서 오는가)에 관해 서술하고 있는 가운데 은연중에 '작은 정부'(야경국가)가 바람직하다는 의견을 피력하고 있다.[22] 또한 소비와 관련해서는 시장의 개념(제3과 시장, 어느 시장으로), 수요법칙(제4과 얼마나 많이 살 것인가), 수요의 이동 요인(제5과), 인플레이션(제6과)에 관해서 서술하고 있을 뿐 소비의 주체인 가계의 대종을 이루는 노동자[23]에 관해서는 단 한마디의 언급도 없는 가운데, 앞에서 지적한 바와 같이 기본적으로 기업가를 '생산적인 근로자'(Ⅲ단원)로 보고 있다.

요컨대 전경련의 경제교과서는 앞에서 지적한 '기업 및 시장 제일주의론'과 일맥상통하는 '정부(국민국가) 및 노동 무력화론'에 입각히고 있다. 다시 말해서 기업이 국경을 초월하여 세계시장을 무대로 자유롭게 활동하면서 새로운 시장을 개척해 나가야 국민국가와 개인의 경제적 효율성과 복리를 제고할 수 있기 때문에 복지국가와 같은 큰 정부보다는 작은 정부가, 노동조합의 강력한 힘보다는 기업과 시장에 유연성을 부여하는 것이 바람직하다는 것이다. 흔히 전자는 자유화(탈규제화), 민영화(사유화), 개방화 등으로, 후자는 유연화, 세계화 등으로 표현되고 있다. 그런데 이러한 것들은 정치논리(정치적 조정)에 의한 국가운영을 폐기하는 대신에 시장논리(시장의 조정)에 의한 국가 운영을 도입하는 것이다. 때문에 경제의 가장 중요한 변수는 기업과 시장이 될 수밖에 없고 정부(국민국가)와 노동은 주어진(외적인) 것으로 될 수밖에 없다. 일반적으로 이러한 정치적, 경제적, 사회적 사조를 통칭하여 '신자유주의'라고 부른다. 따라서 전경련의 경제교과서는 신자유주의에 입각한 것이라고 보아도 전혀 무리가 없을 것으로 판단된다.

친미 개방주의

앞에서 지적한 바와 같이, 전경련의 경제교과서는 미국 경제교육협의회(NCEE)의 중학교 경제교과서(Middle School Economics)를 우리나라 실정에 맞도록 개편하여 번역한 것이다. 이 사실 하나만 보더라도 전경련의 경제교과서가 세계 최대이자 최강의 무역국인 미국의 입장을 잘 반영한 것이라는 점을 간파할 수가 있다. 그리고 이 점은 전경련 경제교과서의 'Ⅵ 세계경제의 참여자'에 나오는 '제16과 개척지 사람들'과 '제17과 나를 가로막지 말라'에 잘 나타나 있다.

　'제16과 개척지 사람들'에서는 비교우위에 입각한 특화와 교환을 통해 경제가 성장하며 특히 근로자이자 소비자인 개개인이 이득을 얻게 된다는 점을 강조하고 있다. '제17과 나를 가로막지 말라'에서는 다양한 무역장벽이 가격과 고용에 미치는 효과를 검토한 다음에 무역장벽이 존재할 때 어떤 집단이 이익을 얻고 어떤 집단이 손해를 보게 되는가를 분석하고 있다. 그리하여 '교사용 지도서'에서는 이 단원의 수업 진행과 관련하여 "무역규제에 대한 찬성이나 반대 주장들은 경제적 효율성뿐만 아니라 사회적/정치적 문제와 연관되어 있다. 그러므로 학생들이 수업활동에서 이 문제를 갖고 논쟁할 때 언제나 옳고 그른 답이 있는 것이 아니다. 무역장벽의 덕택으로 비효율적인 국내 산업의 일자리가 보호된다면 장벽에 따른 비용(장기적인 성장의 저하, 가격의 상승, 자원의 비효율적 사용 등)이 있게 된다. 무역문제가 논의될 때 사람들은 흔히 이런 비용들을 인식하지 못한다. 무역장벽이 있으면 있는 대로 없으면 없는 대로 거기에 따라서 이익을 보는 자와 손해를 보는 자들이 있게 된다"(139쪽)고 '교사에 대한 주의'를 촉구하고 있다. 그러나 이 단원이 지향하는 최종적인 교육목표는 "어떠한 형태의 무역장벽이든 결과적으로 소비자가 손해를 보게 된다"는 것이다. 제16과의 '탐구활동 1: 무역장벽의 유형과 영향'에서 제시된 '토의를 위한 질문'(92쪽)에 답하기 위해서 학생들이 토론을 하다보면 결국 "다양한 무역장벽은 비용 상승과 공급 제한을 가져와 제품 가격을 상승시키고 공급 제한은 고용을 감소시키며 보조금은 가격을 인하시키지만 납세자의 부담을 초래한다"(《교사용 지도서》, 144쪽)는 결론에 도달하게 되어 있다. 그런데 그러한 결론은 제17과의 제목 '나를 가로막지 말라'에 이미 함축되어 있다. '나를 가로막지 말라'에서 '나'는 누구인가? '나'는 '기업가'다. 다시 말하면 기업가가 운영하는 '기업', 기업이 생산하는 '상품', 기업이 상품을 판매하는 '시장'이다.

요컨대 전경련의 경제교과서는 세계 최대의 무역국인 미국의 입장을 잘 반영한 《중학교 경제교과서》를 번역한 것인 만큼 기본적으로 친미 개방주의적 시각을 견지하고 있다.

이상에서 전경련의 경제교과서가 기본적으로 기업 및 시장 제일 주의적, 신자유주의적, 친미 개방주의적 시각을 가지고 있다는 사실을 확인했다. 이와 같은 전경련 경제교과서의 기본시각은 기존의 초/중/고/대학 경제교과서의 시각과 별반 다르지 않고, 이미 우리 사회에 팽배해 있는 주류의 시각과 크게 다르지 않다. 다만 기업가를 생산자 내지는 공급자로 보는 일반적인 시각과는 달리, 전경련의 경제교과서는 기업가를 근로자로 보는 매우 독특한 시각을 보이고 있다. 전경련 경제교과서의 이런 시각은 그동안 전경련이 기회 있을 때마다 "우리 사회의, 그리고 경제교육의 가장 큰 문제점은 반기업적, 반시장적 정서와 풍토"라고 주장해 온 바와 일맥상통한다. 따라서 전경련이 중학교 경제교과서를 출간한 주된 목적은 한마디로 '기업 및 시장 친화적 환경'의 조성에 있다고 할 수 있다.

문제점

04

그렇다면 전경련 경제교과서가 안고 있는 문제점은 무엇인가? 이미 앞에서 전경련 경제교과서를 주요 내용과 기본시각으로 나누어서 살펴보았으니, 여기서도 그 문제점을 둘로 나누어 검토해보기로 하자.

내용상의 문제점

기업가는 근로자인가?

전경련의 경제교과서에 의하면 "생산자란 생산과정에 참여한 사람들뿐만 아니라 생산관리자나 경영자 등을 포함한다."(35쪽) 그리고 "근로자란 기업을 소유하거나 다른 사람을 위해 일하고, 재화와 서비스를 생산하며, 정신적 또는 육체적 노동을 수행한다."(8쪽) 따라서 전경련의 경제교과서에 의하면 '생산자' 란 생산과정에 참여한 기업가

(자본가), 지주, 노동자(근로자), 생산관리자나 경영자 등을 말한다. 그리고 '근로자' 역시 기업가(자본가), 지주, 노동자(근로자), 생산관리자나 경영자 등을 말한다. 따라서 전경련의 경제교과서에 의하면 '기업가 = 생산자 = 근로자' 라는 등식이 성립한다. 과연 그러한가?

흔히 알려져 있는 보편적인 경제개념 정의에 의하면 '기업가 = 생산자 = 공급자' 라는 등식이 성립한다. 이에 따르면 기업가를 전경련 경제교과서에 나오는 워커 부인(Madam C. J. Walker)처럼 다른 사람이 '가지 않은 길' (제1과)을 가는 '개척지 사람들' (제16과)이라고 긍정적으로 볼 수도 있기 때문에 일단 '기업가 = 생산자' 라는 등식은 성립한다고 말할 수 있다. 문제는 '기업가 = 근로자' 라는 등식이 성립하는가 하는 점이다. 이 문제를 우리나라 현행 법률에 의거하여 판단해보기로 하자.

우리나라 현행 법률에서는 우리가 흔히 사용하는 노동을 '근로'로, 노동자를 '근로자' 로, 그리고 기업가(자본가)를 '사용자' 로 표현하고 있다. 그리고 "근로자란 직업의 종류를 불문하고 사업 또는 사업장에 임금을 목적으로 근로(정신노동과 육체노동)를 제공하는 자" (근로기준법 제14~16조, 노동조합 및 노동관계 조정법 제2조)로, 그리고 "사용자란 사업주, 사업경영담당자 또는 그 사업의 근로자에 관한 사항에 관하여 사업주를 위하여 행동하는 자" (근로기준법 제15조, 노동조합 및 노동관계 조정법 제2조)로 정의하고 있다. 따라서 우리나라 현행 법률에 의하면, 근로자란 임금노동자를 말하고, 사용자란 기업소유자, 기업경영자, 생산관리자(예컨대 노무과장)[24] 등을 말한다. 다시 말하면 기업의 소유자와 경영자가 미국에서처럼 분리되어 있거나 우리나라에서처럼 분리되어 있지 않거나 간에 우리나라 현행 법률에 의하면 기

212

업소유자와 기업경영자 모두 사용자다. 그리고 일반적으로는 기업소유자와 기업경영자를 기업가라고 한다. 따라서 기업문화에서 앞선 미국은 물론 뒤처진 우리나라에서도 '기업가＝사용자'라는 등식은 성립하지만, '기업가＝근로자'라는 등식은 성립하지 않는다.

기업가는 '냉혈한', 정부는 '수수방관자', 노동자는 '일회용 크리넥스'인가?

전경련의 경제교과서에 의하면, 기업은 세계시장과 불확실한 미래에 과감히 도전하여 이윤을 얻을 수 있는 여러 대안들(alternatives) 가운데서 가장 많은 이윤을 창출할 수 있는 방안을 선택하여 그 실현을 위해 똑똑하게 소비하고, 생산적으로 근로하고, 조세를 많이 내고, 사려 깊게 저축하고, 기술을 개발하는, 이른바 '합리적인 의사결정'의 주체다. 그리고 기업이 각고의 노력 끝에 얻은 이윤은 생산과정 참여자에게 역할에 따른 합당한 몫으로 지불되고, 차기 생산 및 새로운 산업과 기술개발에 투입된다. 이는 옳은 지적일 수 있고, 그렇게 하는 것이 당연하다. 문제는, 전경련의 경제교과서에 의하면 기업이 그렇게 한 다음에는 더 할 일이 '없다'는 것이다. 다시 말해 기업의 활동무대인 사회(국민국가)와 세계를 위해 기업이 할 일은 '없다'는 것이다. 이는 그동안 전경련을 비롯한 경제5단체와 그 우군인 '뉴라이트' 진영에서 기존 경제교과서의 문제점 가운데 하나로 "기업의 이득을 사회에 환원해야 한다"는 식으로 '기업윤리'를 지나치게 강조하는 것이라고 지적해 온 바를 정확히 반영한 것이다. 따라서 이것은 대단히 중요한 대목이고, 반드시 검토해봐야 할 부분이다.

　우선 이론적인 면에서 보면, 전경련 경제교과서의 그런 논리는 고전학파와 1960년대 통화주의학파(시카고학파)의 명맥을 이은 1970년대 새고전학파(합리적기대학파)의 '정책무력성 명제(policy ineffectiveness proposition)'에 입각한 것이다. 간단히 말하면, 자본주의 경제에는 이미 누진소득세나 실업보험제도와 같은 재정의 자동안정장치(automatic stabilizer)가 있기 때문에 굳이 정부가 나서서 경제안정화 정책을 펼 필요가 없다는 것이다. 순수하게 이론적 관점에서 본다면 정책무력성 명제는 거의 흠잡을 데 없는 완벽한 논리를 갖추고 있다. 그런데 현실경제는 그들이 상정하는 이상적인 상황과는 거리가 멀어 이런저런 이유로 늘 불안정한 양상을 보인다. 때문에 케인스학파와 새케인스학파는 경제안정화 정책이 반드시 필요하고 그 유효한 방법은 정부가 총수요를 관리하는 재정정책이라고 주장하고 있다. 그리고 지구상에 존재하는 그 어떤 나라든 정도의 차이만 있을 뿐 경제에 개입하는 경제정책, 이른바 경제안정화 정책을 구사하고 있다.

둘째, 기존의 경제교과서 내지 경제교육에서 기업윤리를 지나치게 강조하여 청소년들은 물론 일반국민들까지 '반기업적, 반시장적'인 의식과 정서를 갖게 되었고 그런 풍토가 이미 고착되었다고 보는 전경련의 관점은 잘못된 것이다. 학생들을 비롯한 일반국민들이 '반기업적, 반시장적'인 의식과 정서를 갖게 된 주된 원인은 기업윤리를 지나치게 강조한 경제교과서와 경제교육을 통해 형성된 기업윤리관 때문이 아니라 오늘에 이르기까지 우리나라 기업가들이 보여준 다양한 형태의 부정적인 행태에 있다. 굳이 어떤 사례를 들먹일 필요도 없이 매스컴을 통해 연일 보도되다시피 하고 있는 재벌들의 대형 비리와 온갖 불법 및 탈법행위가 그것을 웅변적으로 잘 말해주고 있지 않은가! 기존의 경제교과서와 경제교육에서 강조하고 있는 '기업윤리'는 바로 이런 점을 지적한 것이다. 다시 말하면, 기존의 기업윤리론은 기업의 역할이나 중요성을 폄훼하는 것이 아니라 그 중요성을 충분히 인정하는 것이다. 다만 기업의 소유자나 경영자인 기업가가 지금까지 보여준 행태와는 달리 정해진 게임 룰에 따라 행동하고 경제정의를 실천하는 주체로 거듭나야 한다는 것을 지적한 것이다. 따라서 기존 경제교과서의 기업윤리론을 오늘날의 청소년 및 일반국민들의 정서와 연계해서 보는 전경련의 관점은 잘못된 것이다.

셋째, 자본주의의 생리상, 그리고 오늘날과 같은 글로벌 자본주의 아래에서 그 가장 큰 수혜자는 기업가들이고, 가장 큰 피해자는 노동자들, 그 가운데서도 제3세계 국가의 노동자들이기 때문에 기업가들이 적어도 지속적인 이윤획득을 위해서라도 자신들의 활동무대인 사회에 기업이윤을 환원하는 '따뜻한 가슴(warm heart)'을 가져야 한다. 이것이야말로 흔히 말하는 '경제정의'를 실천하는 첫걸음 아니겠는가.

따라서 〈표 4〉에서 알 수 있는 바와 같이 '경쟁과 시장구조'에 관해서는 전혀 다루지 않는 가운데, 기업을 사회와 더불어 살아가는 사회적 존재로 보지 않고 자본주의의 원리와 생리에 따라 이윤만을 추구하는 '냉혈한'적인 존재로 보는 전경련의 경제교과서는 분명 잘못된 것이다.

한편 전경련의 경제교과서는 교과서를 가지고 학습할 주체가 한창 감수성이 예민한 중학생이라는 점과, 오늘날의 시장경제체제 하에서는 정부의 효율적인 시장개입이 시장원리에 충실한 방향에서 이루어지고 있다는 점을 고려해서인지 시장경제체제와 불가분의 관계에 있는 '소득분배의 불공정성', '재정정책' 등에 대해서 단 한마디의 언급도 없다(〈표 4〉 참조). 그러나 이러한 내용 구성은 감수성이 예민한 중학생들에게 정부는 기업과 시장을 위한 '최소한'의 일만 하고 나머지 모든 것은 이른바 '시장의 합리적인 결정'에 맡기면 되기 때문에 오히려 수수방관하는 것이 좋다는 그릇된 인식을 심어줄 우려가 있다.

다른 한편으로 전경련의 경제교과서는 '실업'이라는 단어 자체를 아예 쓰지 않고 있다(〈표 4〉 참조). 그러면서도 전체적인 내용을 검토해 보면 세계를 무대로 활동하는 기업으로서는 그러기 위해 '유연화' 작업을 할 수밖에 없다는 논리를 은근히 내비치고 있다. 이는 곧 기업은 상황에 따라 임의적으로 구조조정을 단행할 수밖에 없고, 그로 인해 어쩔 수 없이 발생하는 실업에 대한 기업의 사회적 책임은 없다는 것이다. 다시 말해서 기업의 구조조정 과정에서 부득불 실직하게 된 노동자들이 오래도록 실업자로 남아 있든, 다른 산업이나 기업에서 일자리를 구하든 먹고사는 것은 노동자 개개인의 책임이지 기업과는 아무런 관련도 없다는 것이다. 이러한 내용 구성은 이른바 '20 대 80의 사회'[25]에서 대부분 노동자로 살아갈 운명에 놓여있는 중학생들에게 노동자는 기업이 필요할 때 언제든지 뽑아서 쓰고 아무런 책임의식 없이 버릴 수 있는 '일회용 크리넥스'에 불과하다는 노동경시적인 인생관과[26] 그러한 일회용 크리넥스가 되지 않기 위해서는 다른 사람과의 경쟁에서 수단과 방법을 가리지 않고 무조건 승자가 되어야 한다는 냉혈한적인 인생관을 심어줄 가능성이 크다. 그 어떤 교육이든 이런 교육을 지향해서는 안 된다.

외환시장은 중요하지 않은가?

전경련의 경제교과서는 제10과와 제11과에서 정부의 수입 및 지출과 관련해 '돈'의 흐름을, 제15과 저축자와 차용자에서 화폐시장의 기초를 다루고 있는 반면, 오늘날과 같은 글로벌 자본주의 체제 아래에서 그 중요성과 비중이 날로 커지고 있는 외환시장은 전혀 다루지 않고 있다. 이것은 전경련의 경제교과서가 자국 화폐인 달러가 대내외에서 지불수단으로서 확고한 지위를 가지고 있는 미국의 중학교 경제교과서를 번역한 데 따른 불가피한 현상이라는 점에서 이해는 된다. 그러나 전경련의 경제교과서가 단순한 번역 차원이 아니라 우리나라 실정에 맞도록 개편하고 수정한 것이라고 스스로 명확히 밝히고 있는 이상 이것은 크나큰 문제가 아닐 수 없다. 왜냐하면 전경련의 경제교과서가 지향하고 있는 바와 같이 '세계경제의 참여자'로서의 우리나라 기업이 생산과 이윤 등과 관련해 '합리적인 의사결정'을 하고자 할 때 결코 무시할 수 없는 중요한 변수 가운데 하나가 바로 외환시장의 흐름이기 때문이다. 바로 이 때문에 우리나라 수출기업들이 그 대소를 막론하고 최근의 원/달러 환율 하락에 촉각을 곤두세우고 있지 않은가?

일선 교육현장에서 활용될 수는 있는가?

전경련의 경제교과서는 '체험식' 경제교육을 지향하고 있고 〈표 3〉에서 보듯이 나름대로 하나의 체계를 갖춘 '인정도서'다. 따라서 단계별 학습을 지향하는 7차 교육과정의 정규 수업시간에 다루어질 수 있는 성질의 교과서는 아니다. 이 점 때문에 전경련은《교사용 지도서》에서 창의적 재량학습 시간이나 클럽활동 시간에 이 책을 활용할 것을 주문하고 있다(10쪽). 한편 전경련의 경제교과서를 학습하는 데 필요한 총 수업시수는 37~39시간이다.[27]

그렇다면 전경련의 경제교과서는 일선 교육현장에서 충분히 활용될 수 있는가? 이 물음에 답하기 위해서는 ① 교육과정상 수업시수는 확보할 수 있는가 ② 교육을 정상적으로 담당할 수 있는 교사는 있는가라는 두 가지 관점에서의 접근이 필요하다. 첫 번째 관점과 관련해 전경련은 "학교에서 창의적 재량학습 시간이나 클럽활동 시간을 이용하여 체험식 경제교육을 실시"할 것을 권유하면서 "우리나라의 교육여건에 비추어 이 책의 내용을 모두 교육하는 것은 어려울 수 있다"(10쪽)고 밝히고 있다. 두 번째 관점과 관련해서는 전경련이 그런 문제점이 있다고 판단하고 자신이 주최하는 '교사연수 프로그램'[28]을 통해 문제를 해결하려 하고 있다. 이 두 가지 관점에 대해 구체적으로 검토해보기로 하자.

첫째, 교육부의 '7차 교육과정의 편성 및 운영 지침'에 의하면, 재량활동은 중등학교의 선택과목 학습과 국민공통기본교과의 심화 및 보충 학습을 위한 '교과 재량활동'과 학교의 독특한 교육적 필요와 학생의 요구 등에 따른 범교과학습과 자기주도적 학습을 위한 '창의적 재량활동'으로 나누어 실시하도록 되어 있고, 중학교 교과 재량활동의 연간 총 수업시수는 102시간 이상이며, 이 시간을 한문, 컴퓨터, 환경, 생활외국어(독일어, 프랑스어, 스페인어, 중국어, 일본어, 러시아어, 아랍어), 기타 선택과목 학습시간에 우선 배정하고 남는 시간은 국민공통기본교과의 심화 및 보충 학습시간으로 활용하며, 창의적 재량활동에는 연간 34시간 이상을 배정하도록 되어 있다(교육부, 1997, 12쪽). 교육부가 중학교 재량활동에 배정하고 있는 연간 최소 수업시수는 34주를 기준으로 학년당 136시간이다(교육부, 1997, 6쪽). 따라서 학기별 주당 재량활동 시간은 4시간(136시간÷17주÷2학기)이다. 각 중학교에서는 이 4시간을 앞에서 말한 '교육부 지침'에 따라 교과 재량활동에 3시간(102시간÷17주÷2학기), 창의적 재량활동에 1시간(34시간÷17주÷2학기)을 배정해야 한다. 따라서 일선 중학교에서는 일반적으로 교과 재량활동 3시간을 한문, 컴퓨터 등의 선택과목에 1시간을 우선 배정한 다음 나머지 2시간을 국민공통기본교과인 영어(1시간), 수학(1시간)에 배정하고 있다. 물론 사회과 역시 국민공통기본교과 가운데 하나이기 때문에 일반적으로 영어, 수학에 배정되는 2시간을 '체험식' 경제교육 시간으로 배정할 수도 있다. 그러나 입시 위주의 우리나라 교육풍토상 학교 운영자인 교장이나 교감이 그렇게 하기란 쉽지 않을 것으로 판단된다. 따라서 교과 재량활동 시간을 이용한 체험식 경제교육은 사실상 불가능하다고 보아야 한다. 전경련도 이 점을 예견했는지 이미 앞에서 지적한 바와 같이 교과 재량활동 시간을 활용할 것을 권유하고 있지는 않다.

한편 주당 1시간씩 배정되는 창의적 재량활동 시간을 일선 중학교에서는 일반적으로 인성교육이나 자율학습 시간으로 활용하고 있다. 따라서 전경련이 권유한 바와 같이 창의적 재량활동 시간에 체험식 경제교육을 할 수는 있다. 그러나 시수가 문제다. 한 학기에 창의적 재량활동 시간으로 배정된 17시간으로는 총 37~38시간이 필요한 체험식 경제교육을 할 수가 없고, 한 학년에 배정되는 34시간은 조금 못 미치는 시수이기는 하지만 일단 아쉬운 대로 체험식 경제교육을 할 수는 있다. 다만 일 년 동안에 주어지는 34시간을 가지고 일선 교육현장에서 창의적 재량활동으로 체험식 경제교육을 하려면 경제지식이 풍부하여 체험식 경제교육을 능수능란하게 풀어갈 수 있는 경제 전담 교사가 있어야 가능하다. 이 점에 대해서는 조금 뒤에 검토해보기로 하자.

　그렇다면 전경련이 권유한 것처럼 클럽활동 시간을 통해서는 가능한가? 교육부의 '7차 교육과정의 편성 및 운영 지침'에 의하면, 특별활동에 배당된 시수(단위)는 학생의 요구 및 학교의 특성을 고려하여 학교 재량으로 배정하되 영역 간의 균형이 유지되어야 하고, 학교의 필요에 따라 더 많은 시간을 확보하여 운영할 수 있으며, 다양한 방식으로 시간 운영을 통합하거나 분할하여 융통성 있게 운영할 수 있다(교육부, 1997, 13쪽). 그리고 교육부가 중학교 특별활동에 배정하고 있는 연간 최소 수업시수는 학년당 68시간이다(교육부, 1997, 6쪽). 따라서 학기별 주당 특별활동 시간은 2시간(68시간÷17주÷2학기)이다. 이 2시간을 일선 중학교에서는 일반적으로 자치활동, 적응활동, 계발활동, 봉사활동, 행사활동의 시간으로 활용하고 있다. 따라서 이 2시간을 전부 체험식 경제교육에 배정한다면 일단 시수 면에서는 한 학기에도 가능하고, 한 학년 내내 한다면 체험식 경제교육에 37~39시간을 배정하고 나머지 29~31시간을 자치활동, 적응활동, 계발활동, 봉사활동, 행사활동에 배정하면 되기 때문에 시수 면에서는 별 문제 없이 체험식 경제교육과 특별활동을 동시에 할 수 있다. 그러나 이런 경우에도 앞에서 지적한 바와 같이 유능한 경제 전담교사가 있어야만 가능하다. 또한 아무리 지식과 개념 위주의 주입식 학습이 아니라 역할 중심, 문제해결 중심, 탐구 중심의 즐겁게 배우는 체험식 경제교육이라 할지라도 학생들의 생리상 특별활동 시간에 '교과학습'을 하는 것 자체를 싫어하고 거부할 확률이 높고, 학생 스스로가 '재미있고 신나고 유익한 시간'으로 생각하는 특별활동 시간이 상대적으로 줄어드는 데 대한 강한 불만이 표출될 가능성이 높아 일선 교육현장에서 체험식 경제교육이 순탄하게 이루어지기란 쉽지 않을 것으로 판단된다.

둘째, 전경련도 간접적으로 인정하는 바와 같이 우리나라 교육현실에서 체험식 경제교육을 담당할 수 있는 사회과 교사는 솔직히 말하여 그리 많지 않다. 체험식 경제교육이 이루어지기 위해서는 경제에 대한 해박한 지식에 입각하여 경제현실을 냉철히 진단해낼 수 있는 교사가 있어야 하고, 이런 교사가 경제 과목만 전담할 수 있도록 교육여건이 갖춰져 있어야 한다. 그러나 국립 사범대학의 경제학 교육과정이 편성, 운영되는 실태를 보면 교사양성 기관인 사범대학에서 그런 교사를 배출해낼 수 없다는 한계가 있고,[29] 우리나라 교육여건상 중학교에 경제만 전담하는 교사를 둘 수도 없다. 이 점을 고려하여 전경련에서는 앞에서 말한 바와 같이 '경제교육 연수 프로그램'을 통해 이 문제를 해결하려 하고 있다. 그러나 총 4일 동안의 연수가 이 문제를 근본적으로 해결하기는 어렵다고 판단된다. 실제 이 연수를 받았던 한 교사는 "가기 전에는 돈 많은 기관에서 하는 연수인 만큼 부담 없이 쉬러 간다는 생각으로 연수를 결정하게 되었고, 연수를 받고난 후에는 전경련과 대기업에 대한 홍보가 주된 내용이었다는 생각이 들 뿐이며, 연수를 받았다고 해서 솔직히 체험식 경제교육을 담당할 자신은 없다"고 증언하고 있다.

이상을 종합해 보면, 전경련의 권유와 같이 일 년 동안의 창의적 재량학습 시간이나 일 년이든 한 학기든 특별활동 시간을 활용한 체험식 경제교육은 시수 면에서는 가능하지만, 일선 교육현장에 그 교육을 이끌어갈 만한 유능한 경제 전담교사가 없을 뿐만 아니라 우리나라 교육여건상 전담교사를 둘 수도 없기 때문에 체험식 경제교육은 사실상 불가능하다.

기타 소소한 문제점은 없는가?

이상에서 살펴본 것 말고도 전경련의 경제교과서는 내용상 소소한 문제점은 없는가?

첫째, 전경련의 경제교과서는 'demand schedule'을 '수요계획' (19, 26, 30쪽)이라고 하고, 'supply schedule'을 '공급계획'(43, 46쪽) 또는 '공급계획표'(42쪽)라고 하고 있다.[30] 이런 표현은 일관성을 상실한 것일 뿐만 아니라 '수요표', '공급표'라고 해 온 학계의 정설 내지는 오랜 관행을 무시한 것으로, 결코 바람직한 일이라고 보기 어렵다.

둘째, 전경련의 경제교과서는 '제8과 얼마나 팔아야 할까?'에 나오는 탐구활동 3의 상황 1에서 "노사협약을 통해 당신 회사 근로자의 건강보험료를 회사가 이전보다 50% 더 많은 비율로 부담하기로 했다면 회사의 제품 공급에 어떠한 영향을 미칠 것인지 생각해 보도록"(48쪽)하고 있다. 앞에서 고찰한 전경련 경제교과서의 주요 내용과 기본 시각에 입각해서 보면, 이것은 회사의 보험료 부담 증가에 따른 생산비 상승은 제품의 가격 인상을 가져오고, 그에 따라 수요량이 줄어들면 판매량이 줄어들게 되어 회사의 이윤이 줄어들 수밖에 없어 결국 근로자에게 손해가 돌아간다는 것을 학생들에게 인식시키기 위해 설정된 상황으로 판단된다. 또 그렇기 때문에 근로자들은 우선적으로 회사의 이익을 고려하여 노사협약을 체결해야 한다는 생각을 학생들에게 심어주기 위해 설정된 상황으로도 판단된다. 단기적으로만 본다면 이러한 상황설정이 옳을 수 있다. 그러나 장기적인 관점에서 본다면 이것은 잘못된 상황설정이다. 그 이유는 굳이 설명하지 말기로 하자.

셋째, 기업이윤이 무엇인가에 대해서는 위험부담설(F. K. Knight), 혁신설(J. A. Schumpeter), 착취설(K. Marx), 독점이윤설, 잔여설(D. Ricardo) 등 여러 학설이 있으나 아직 학계의 정설은 없다. 그럼에도 불구하고 전경련의 경제교과서는 위험부담설에 입각하여 "이윤은 판매수입에서 생산이나 판매에 들이긴 비용을 뺀 차액으로서, 위험을 부담하는 데 대한 보상"(49쪽)이라고 규정하고 있다. 그런데 이윤에 대한 전경련의 이와 같은 규정은 감수성이 예민한 중학생들에게 기업이윤이 도박에서 딴 돈이나 로또 등 복권에 당첨되어 받는 돈 등과 동일한 것으로 인식시킴으로써 이른바 '일확천금'이나 '대박'에 대한 잘못된 기대나 환상을 갖게 할 수 있다는 점에서 문제가 있다.

시각상의 문제점

기업 및 시장 제일주의는 영원한 역사발전의 철칙인가?

세계시장을 지향하는 전경련 경제교과서의 기업 및 시장 제일주의는 분명 글로벌 자본주의와 맞닿아 있다. 이것은 전경련 경제교과서가 글로벌 자본주의를 영원한 역사발전의 철칙으로, 인류의 보편적 가치 내지는 단일의 보편적 문명으로 보고 있다는 것을 의미한다. 과연 그러한가?

이 점에 대해서는 "이 세상에 존재하는 그 어떤 것도 변하지 않는 것은 없다"는 평범한 진리 속에 이미 해답이 주어져 있다. 그럼에도 불구하고 여기서는 '자본주의 영원불변론'과 밀접한 관련을 가지고 있다고 판단되는 경제학자 세 사람의 주장을 검토해봄으로써 평범한 진리가 곧 해답임을 입증해보기로 하자.

첫째, '경제학의 아버지'라 불리는 애덤 스미스는 자본주의를 영구불변의 자연질서로 보았다. 그러나 그의 '자본주의 영구불변론'은 그 어떤 다른 것에 의해서가 아니라 자본주의가 안고 있는 태생적 한계로 말미암아 18세기가 끝날 무렵부터 무너져 내리기 시작했다. 따라서 경제학은 그 이후에 크게 보아 자본주의를 모순의 체계로 보고 분석하는 계보와, 자본주의를 현상적으로 기술하면서 그 문제점을 해소하려는 계보로 나뉘어서 발전해 왔다. 간단히 말해서 애덤 스미스가 추구했던 '순수한' 자본주의는 이미 지구상에서 사라진 지 오래다. 그럼에도 불구하고 전경련의 경제교과서가 기업 및 시장 제일주의적 시각에 입각해서 애덤 스미스가 추구했던 순수한 자본주의의 종착역이 오늘날의 글로벌 자본주의이고 이것이 영원히 변화하지 않고 계속될 것이라고 확신하는 것은 이미 변화해 왔고 지금 이 시간에도 변화하고 있는 눈앞의 현실을 부정하고 애써 눈감아 버리는 꼴이다.

둘째, 전경련 경제교과서의 기업 및 시장 제일주의 시각과 관련하여 애덤 스미스 외에 언급하고 검토하지 않으면 안 되는 또 한 사람은 동유럽의 사회주의가 붕괴되기 시작한 1989년에 〈역사의 종언(The End of History)〉이라는 논문을 발표하면서 세계적인 주목을 받기 시작한 프랜시스 후쿠야마(Francis Fukuyama)다.[31] 우리나라에서 기업 및 시장제일주의를 주창하는 사람들이야말로 동유럽의 사회주의 붕괴를 자본주의의 승리로 단선적으로 이해하는 경향이 농후하고, 이들은 그 근거로 흔히 '역사의 종언'이라는 관점을 제시한다. 그러나 후쿠야마는 1999년에 출간한 《대붕괴 신질서(The Great Disruption: Human Nature and the Reconstitution of Social Order)》라는 책에서 헤겔과 마르크스적 의미의 역사는 끝난 것이 아니라 일정한 주기로 붕괴와 재건을 되풀이한다고 말함으로써 이전의 주장을 스스로 뒤집었다. 그는 오늘날의 자본주의에서 신뢰, 정직, 관용, 상호성, 공동체성 등과 같은 '사회적 자본'이 고갈되는 '대붕괴'가 진행되고 있지만 곧 자생력을 가진 '사회적 자본'에 의해 '신질서'가 형성될 것이라고 본다. 그러나 문제는 오늘날, 그가 말한 '사회적 자본'은 '대붕괴'를 하고 있는 반면 '신질서'는 조짐조차 보이지 않고 있고 이후에라도 '신질서'가 형성될 가능성이 대단히 희박하다는 데 있다. 그 이유는 간단하다. 그가 말한 대로 개개인이 스스로 '사회적 자본'을 되살리는 것 자체가 마치 하늘에서 별을 따는 일처럼 처음부터 기대할 수 없는, 말이 안되는 이야기이기 때문이다.

셋째, 검토해봐야 할 또 다른 한 사람, 즉 이매뉴얼 월러스틴(I. Wallerstein)은 《자유주의 이후?(After Liberalism?)》라는 책에서 자유주의는 보수주의나 사회주의와 구별되는 하나의 이데올로기가 아니라 1인3역 같은 변신의 재주를 부리면서 자본주의를 실질적으로 움직여온 주역이지만 1989년 동유럽 사회주의의 붕괴로 승리하기는커녕 오히려 최종적인 몰락을 맞았고, 향후 2050년까지는 글로벌 자본주의가 붕괴되는 혼돈의 시기가 될 것이라고 보고 있다. 그는 글로벌 자본주의가 붕괴하는 원인은 자본주의 그 자체에 있다고 본다. 즉 호황과 불황을 거듭하면서 글로벌 상품망을 구축해온 자본주의가 그동안 국가 간 분쟁의 해결사 역할을 자임해온 미국의 세력 약화로 인해 지금까지와 같이 개발과 발전이라는 환상만을 앞세워 가지고는 더 이상 지속될 수 없다는 것이다.

따라서 기업 및 시장 제일주의에 입각한 자본주의 영구불변론은 대내외 기업가들의 간절한 희망사항에 불과한 것이고 자연의 이치와도 맞지 않는 것일 뿐만 아니라 자본주의의 본질과 현실을 외면한 것이다.

신자유주의는 '복음' 인가?

전경련의 경제교과서는 국민국가와 노동을 주어진 것으로 보면서 정치논리가 아닌 시장논리에 따라 국가를 운영해가는 신자유주의에 입각하고 있다. 자유화(탈규제화), 민영화(사유화), 개방화, 유연화, 세계화 등을 내용으로 하는 신자유주의는 국리민복을 가져다주는 복음인가?

역사적으로 보면 신자유주의는 자본가들이 1970년대에 발생한 스태그플레이션과 두 차례에 걸친 오일쇼크로 인한 자본주의의 구조적 위기를 극복하기 위해 노동과정의 탈집중화(decentralization)와 금융자본의 국제적 이동을 통한 복지국가의 해체를 겨냥한 것이었고, 1980년대 이후의 정보통신 혁명에 의해 결정적으로 고착화된 것이다. 따라서 신자유주의는 자본가들이 겉으로 내세우는 바와 같이 경제의 효율성을 높이고 복리를 최대화하는 것이라기보다는 처음부터 자신들의 이윤획득 기회를 확대·강화하려는 자본가들의 거대한 정치·경제적 어젠더(agenda)였다. 이처럼 자본가들을 일방적 우위에 서게 한 신자유주의적 생산관계는 노동자들을 궁핍하게 만들었고, 이것은 다시 연쇄적으로 수요부족, 만성적 저성장, 수출경쟁, 환율전쟁[32]을 낳았다. 또한 국가 간 자본이동을 자유롭게 하는 신자유주의는 다국적

의 투기적 금융자본이 자본축적을 하는 것을 가능하게 하여 자본주의를 카지노 자본주의로 변질시키고 있고,[33] 이것이 금융시장의 불안정성과 거품경제를 촉발시키고 있다.[34] 이와 같은 경제의 불안정화는 노동자들, 특히 제3세계 노동자들의 삶을 급속히 피폐화시키고 있다.

이상에서 살펴본 바와 같이 신자유주의는 각국 내부에서, 그리고 국가 간에 새로운 생산관계를 형성시키고 상품 및 서비스 교환을 더욱 확대발전시킴으로써 결과적으로 세계적인 대자본가들에게는 '복음'이 되고 있지만, 중소자본가들과 노동자들에게는 '죽음'을 가져다주고 있다.

시장개방 및 무역자유화는 노동자들에게 널리 이득을 가져다주는가?

전경련의 경제교과서는 "비교우위에 입각한 특화와 교환(무역)을 통해 경제가 성장하며, 특히 근로자(소비자)가 이득을 얻게 된다"(제16과 개척지 사람들)고 설명하고 있다. 다시 말해서 전경련의 경제교과서는 다른 교과서와 마찬가지로 시장개방 및 무역자유화 이득의 근거를 비교우위론에 두고 있다. 그런데 사실 비교우위론은 많은 비현실적 가정에 입각한 것이고, 그런 만큼 그 결론도 비현실적일 수밖에 없다. 그러나 대부분의 사람들은 교과서와 시장론자들의 반복적인 주술에 현혹되어 비교우위론이 매우 현실적인 의미를 가지고 있는 것으로 착각하고 있다. 비교우위론의 많은 가정 가운데 몇 가지를 검토해보면 다음과 같다.

첫째, '모든 생산요소들이 완전고용 상태에 있다'는 가정은 현실에서는 이루어질 수 없는 그야말로 가정에 불과하고, '구조조정 과정에서 생산요소들이 국내에서는 완전히 자유롭게 이동하지만 다른 나라로는 이동하지 않는다'는 가정 역시 심각한 문제를 내포하고 있다. 시장개방 및 무역자유화로 인한 구조조정 과정에서 실직하게 된 노동자들이 그 나라 안에서 확대되는 수출산업 쪽에서 빠른 시간 내에 구직을 할 수 없는 경우가 많아 실업자가 증가할 수밖에 없고, 이것은 다시 총수요 감소와 경기침체로 연결될 수밖에 없다. 따라서 모든 생산요소의 완전고용이 이루어진다 하더라도 시장개방 및 무역자유화로 인한 구조조정의 비용이 이득보다 훨씬 클 가능성이 얼마든지 있다.

둘째, '기업들 사이에 완전경쟁이 이루어지며, 생산된 상품의 시장가격은 정확히 사회적 비용을 반영한다'는 가정 역시 비현실적이다. 많은 상품들이 거대한 국제 독점자본에 의해 생산되고 있고 많은 기업들이 각국 정부로부터 생산보조금이나 장려금을 받고 있는 것이 현실이기 때문에 생산 및 가격 결정이 정부의 영향을 받을 수밖에 없고 외부비경제를 초래할 수밖에 없으며, 이것들은 결국 세계경제의 효율성 저하와 사회복지 감소로 연결될 수밖에 없다.

셋째, '국가 간에 자본의 이동이 없고 대외무역이 항상 균형상태에 있다'는 가정 또한 문제가 많다. 오늘날처럼 자본이 신속하게 이동할 수 있으면 시장개방 및 무역자유화는 자본도피를 일으켜 탈산업화, 실업, 경제위기 등으로 이어질 가능성이 높다. 그리고 오늘날처럼 대외무역의 균형과 밀접한 관련을 갖는 환율이 투기적 금융자본의 영향을 받게 되면 환율이 대외무역의 균형을 조정하거나 회복시키기보다는 오히려 지연시키거나 파괴시킬 가능성이 높다.

한편 미국의 진보적 평론지인 〈먼슬리 리뷰(Monthly Review)〉 최근호에서 미국의 루이스앤드클라크 대학 교수인 마틴 하트-랜스버그

(Martin Hart-Landsberg)가 '시장개방 및 무역자유화의 우월성이라는 신화를 떠받치는 경험적 주장들'을 면밀히 검토한 바에 의하면, 그런 경험적 주장들은 자본주의의 작동원리를 의도적으로 곡해하는 이론과 고도의 작위적 시뮬레이션에 근거한 것들이어서 설득력이 전혀 없는 '공허한 주장들'에 불과하다.[35]

오늘날에는 시장개방 및 무역자유화에 따라 국경을 자유롭게 넘나드는 자본가들에게 점점 더 많은 노동자들이 포섭되어 더 많은 부가 창출되고 있지만, 자본축적 과정에 직접적으로 기여한 각국의 노동자들은 서로 경쟁하고 싸우는 가운데 삶의 조건과 노동조건의 악화라는 고통을 동시에 비슷하게 겪고 있다. 그런 만큼 전경련 경제교과서의 지적과는 달리 오늘날의 세계경제 상황에서는 무역장벽이 아닌 시장개방 및 무역자유화가 오히려 장기적인 성장의 저하와 자원의 비효율적인 사용을 초래하여 결과적으로 노동자들에게 손해를 끼칠 수 있다.

결론

이상에서 논의한 바를 요약해서 간단히 정리한 다음, 그것을 토대로 결론을 제시해보기로 하자.

첫째, 전경련의 중학교 경제교과서 및 지도서 발간은 현재까지의 이른바 '반시장적, 반기업적'인 경제교육에 대한 비판론의 '결정판'인 동시에 2009년부터 적용될 8차 경제과목 교육과정을 '친시장적, 친기업적'인 방향과 내용으로 재편하고 강화하기 위한 '디딤돌'이다. 한마디로 말하자면 '절묘한' 시기에 이루어진 기가 막힌 '포석'이다.

둘째, '검정도서'인 중학교 3학년 사회교과서는 경제 관련 내용을 두 단원으로 한정하고 있는 데 비해, '인정도서'인 전경련의 경제교과서는 하나의 완성된 체계를 갖추고 있다. 검정도서인가 인정도서인가가 이런 차이를 낳고 있는 것이다. 한편 중학교 3학년 사회교과서의 경제 관련 내용은 지식과 개념 위주의 '교육자료(교재)'라는 성격을 갖고 있는 데 비해, 전경련의 경제교과서는 역할놀이와 시뮬레이션 위주의 '학습재(학습자료)'라는 성격을 갖고 있다. 이러한 차이는 우리 아이들이 경제적 사고에 입각한 문제해결 능력에서 미국 아이들에게 뒤처지게 하는 결과를 낳고 있다. 8차 경제교과서에서는 이런 점이 고려되어야 할 필요가 있다.

셋째, 전경련의 경제교과서는 기본적으로 기업가를 생산자이면서 생산적인 '근로자'로 보는 기업 및 시장 제일주의적 시각, 정부(국민국가) 빛 노동 무력화론에 입각한 신자유주의적 시각, 자유무역의 필연성과 그 이득을 앞세운 친미 개방주의적 시각에 기반을 두고 있다.

넷째, 전경련의 경제교과서는 기업가를 '근로자'이자 '냉혈한'으로 보면서 정부는 '수수방관자', 노동자는 '일회용 크리넥스'여야 한다는 당위를 전제로 하고 있고, 전경련이 지향하는 '글로벌 자본주의'와 매우 밀접한 관련을 갖는 외환시장에 관한 언급이 없는데다가 우리나라 교육여건상 일선 교육현장에서 활용될 가능성이 매우 낮고, 학계의 관행이나 정설을 고려하지 않고 임의적으로 경제개념을 규정하거나 의도된 결과를 유도하기 위해 부적절한 상황을 설정한 경우가 있다는 문제점을 가지고 있다.

다섯째, 전경련 경제교과서의 기본시각인 기업 및 시장 제일주의는 이미 '순수한' 자본주의가 지구상에서 사라져버린 이상 역사발전의 철칙일 수 없고, 신자유주의도 처음부터 자본가들의 거대한 정치·경제적 어젠더인 이상 자본가들에게는 '복음'일지 몰라도 노동자들에게는 '죽음'이며, 비현실적인 비교우위론에 입각한 친미 개방주의 역시 만성적인 경기침체와 국가 간 '경제전쟁'을 초래하고 있다.

결론적으로, 전경련의 절묘한 포석의 하나로 최근에 발간된 경제교과서는 교재가 아닌 학습자료로서의 교과서의 사례를 보여주었다

는 점에서는 의미가 있을지 몰라도, 그 내용과 시각 면에서는 많은 문
제점을 갖고 있다. 따라서 이런 점에 관한 근본적인 보정(correction)이
이루어지지 않는 한 전경련의 경제교과서는 교과서로서의 생명력을
가질 수 없을 것으로 판단된다.

주석

1 전경련은 2005년 8월에 서울특별시 교육청에 중학교 경제교과서에 대한 '인정도서' 신청을 했고, 서울특별시 교육청으로부터 2006년 2월 2일에 승인번호 2006-060으로 인정받아 2006년 3월 1일에 (주)교학사를 통해 이 책을 발간했다. 이 책은 외국도서를 번역, 수정하여 국가기관으로부터 인정을 받은 첫 번째 인정도서다. 이 책을 발간한 (주)교학사에 의하면 초판으로 정확히 1만 7000부를 발행했다고 한다.

2 2003년도 제1차 심포지엄(2003. 11. 28) "경제교육과 한국인의 경제현상 인식", 2004년도 제1차 심포지엄(2004. 11. 17) "새로운 경제교육의 방향 모색을 위하여: 학교 경제교육과 언론 모니터링", 2005년도 제1차 심포지엄(2006. 1. 9) "새로운 경제교육의 방향 모색을 위하여: 학교 경제교육과 청소년 경제교육 프로그램"

3 '중·고등학교 경제 관련 교과서, 이대로 좋은가'라는 주제로 열린 교과서포럼 제2차 심포지엄(2005. 4. 29)에서 김승욱, "중·고등학교 교과서에 나타난 경제이론 교육의 문제점"과 이영훈, "중·고등학교 사회과 교과서에 그려진 한국경제의 모습" 등 두 편의 논문이 발제됐다.

4 재정경제부, 한국은행, 전국경제인연합회, 대한상공회의소, 한국개발연구원(KDI) 등 5개 기관이 공동으로 초·중·고 경제 관련 교과서 114종(지도서 포함)을 학계에 분석 의뢰한 결과 446곳이 내용상 수정이 필요한 것으로 지적됐다. 총 446건의 구체적 내용을 교육과정별로 보면 초등학교 교과서 64건, 중학교 교과서 87건, 고등학교 교과서 295건이었고, 유형별로는 ① 개념상의 오류 또는 서술의 부정확 200건 ② 부적절한 사례나 통계 제시 89건 ③ 복잡한 경제현상을 과도하게 단순화 58건 ④ 편향적 시각 또는 비주류적 해석 23건 ⑤ 시장경제에 대해 부정적 인상을 줄 수 있는 서술 19건 ⑥ 주관적인 훈계와 윤리적 내용 26건 ⑦ 교과과정상 어렵거나 부적절한 경우 등 31건이다. 이에 관한 자세한 내용은 KDI 경제정보센터(2005. 10. 14), 《초·중·고등학교 사회과 교과서 경제단원 내용 검토(국민공통기본교과)》와 《고등학교 경제분야 교과서 내용 검토(선택과목)》를 참조하기 바란다.

5 참고로 최근에 일본의 연립여당인 자민당과 공민당이 2차대전 후 처음으로 '교육기본법'을 개정하면서 "전통과 문화를 존중하고 이를 육성해온 우리나라와 향토를 사랑한다"는 문구를 삽입함으로써 시대에 역행하는 '국가주의' 교육이념을 부활시키려고 하자 일본 내부에서는 물론 동아시아 각국에서 반발이 일어났다.

6 한진수(2002), "한국의 초등교사는 경제지식을 충분히 지니고 있는가?", 〈교육논총〉 19집, 인천교육대학교, 297~324쪽. 김경모(2004), "사회적 역할과 연계한 학교 경제교육의 내용 선정과 조직 방안", 〈경제학연구〉 제52집 제4호, 한국경제학회, 141~165쪽. 김승욱(2005), 앞의 교과서포럼 발제논문, 3쪽

7 김준원(2001), 《포인트 경제학》, 삼성경제연구소. 한국은행(2005), 《알기 쉬운 경제이야기》(초등학생 편, 중학생 편, 고등학생 편, 일반인 편 등 총 4권), 알경. 한국은행이 8억6500만 원을 들여 '국민 경제교과서'로 내놓은 《알기 쉬운 경제이야기》는 2005년 하반기에 한국간행물윤리위원회의 '청소년 권장도서'로 선정되었고, 각급 학교와 도서관에 12만 부가 무료로 배포되었으며, 시중 서점에서는 2만4천 부가 팔려나갔다. 그런데 이 책의 '고등학생 편' 내용 중 60~70%가 삼성경제연구소의 《포인트 경제학》과 동일한 것으로 밝혀져 한국은행이 부랴부랴 회수하는 소동을 빚기도 했다.

8 권남훈은 초중고 경제교육 개선방안의 하나로 '경제교육 비중의 확대와 경제과목 이수의 필수
화'를 제안하고 있다. 이에 관한 자세한 내용은 권남훈(2005. 12. 22), "초 · 중 · 고등학교 경제교
육의 문제점과 개선방안", 한국선진화포럼 제3차 월례발표회를 참조하기 바란다.

9 뉴라이트 진영은 '뉴라이트네트워크'(고문 류근일 · 안병직)와 '뉴라이트전국연합'(상임의장 김
진홍)으로 대별된다. '뉴라이트네트워크'는 자유주의연대, 뉴라이트씽크넷, 북한민주화네트워
크, 자유주의교육운동연합, 교과서포럼, 의료와사회포럼, 자유네티즌협의회폴리젠, 한국기독교
개혁운동 등 8개 단체가 참여하여 2005년 10월 18일 창립됐다. 또 다른 축인 '뉴라이트전국연합'
은 '뉴라이트네트워크'처럼 단체들의 연대기구가 아니라 지역조직을 기반으로 하는 단체로 2005
년 11월 17일 창립됐다. 인터넷 웹진 '뉴라이트닷컴'(www.new-right.com)을 통해 이른바 자유
주의 이념을 전파해 오던 '뉴라이트네트워크'는 최근에 '뉴라이트 리더스 아카데미'를 개설하여
대중강연에 나섰고, 참가단체 가운데 하나인 '자유주의연대'(대표 신지호)는 "한나라당이 제 역
할을 하지 못하고 있고 과거지향적인 모습을 탈피하지 못하고 있기 때문에 2007년 대선에서의 정
권교체를 목표로 한, 한나라당을 대체하는 정당 형태의 정치세력화가 불가피하다"(2006. 4. 6)고
밝힌 바 있다.

10 전경련과 교육부는 경제5단체 추천자, 교과서 집필자, 초 · 중등 교사, 대학교수, 한국교육과정
평가원 관계자 등으로 '경제교과서발전협의회'를 구성하여 현행 경제교과서를 수정 · 보완하고,
각각 5천만 원씩 부담하여 '고등학교 차세대 경제교과서 모형'을 개발하며, 현직 교사를 대상으
로 한 현재의 '체험식' 경제교육 연수를 교대 및 사대에 재학 중인 예비교원에게도 실시하고, 현
직 교사들의 산업연수(기업 방문)를 강화 · 확대하기로 하는 내용의 이른바 '초 · 중 · 고 경제교
육 내실화를 위한 공동협약'(2006. 2. 15)을 체결했다. 이에 대한 자세한 내용은 교육인적자원부
의 보도자료와 붙임자료를 참조하기 바란다.

11 국민공통기본교과에서 어떻게 이런 '기묘한' 표현을 쓸 수 있었는가? 고1(10학년) '사회'에 경
제영역으로는 유일하게 들어가 있는 이 단원은 '거시경제학'의 기초개념과 국민경제의 순환과
정에 대해 논의하고 있다. 그런데 어떻게 거기에 '국민경제와 합리적 선택'이라는 제목을 붙일
수 있는가? 이에 관한 자세한 내용은 최종민(2003. 12), '국립 사범대학 경제학 교육과정의 편
성 및 운영실태와 개선방향', 〈경제교육연구〉 제10집 2호, 한국경제교육학회, 51쪽을 참조하기
바란다.

12 전경련의 경제교과서와 교사용 지도서에 들어가 있는 경제개념은 전경련이 밝히고 있는 17개
(《교사용 지도서》10쪽)가 아니라 정확히 16개다. 경제개념별 관련수업 사례를 정리한 본문의 〈
표 4〉와 관련하여 원서, 경제교과서, 지도서를 대조해보면 다음 두 가지를 확인할 수 있다. 첫째,
지도서는 '시장실패, 정부의 역할, 국내총생산(GDP), 인플레이션, 표'의 관련수업 사례를 나타
내는 '●' 표시에 오류가 있다. 둘째, 원서에는 '●' 표시가 전혀 없는 5개의 경제개념('경쟁과
시장구조, 소득분배, 실업, 재정정책, 교환비율')이 들어가 있는 반면 경제교과서와 지도서에는
이들 5개 경제개념 가운데 '재정정책'만 '●' 표시가 없는 채 들어가 있음을 확인할 수 있다. 따
라서 경제교과서와 지도서에 들어가 있는 경제개념 수는 전경련이 파악한 것과 달리 17개가 아
니라 16개다.

13 '교과용 도서에 관한 규정'(일부개정 2004. 6. 19. 대통령령 18429호) 제2조에 의하면 검정도서
란 교육인적자원부의 검정을 받은 교과서를 말한다. 한편 국정도서란 제6차 교육과정의 고등학
교 경제교과서처럼 교육인적자원부가 저작권을 가진 교과서를 말한다.

14 '교과용 도서에 관한 규정'(일부개정 2004. 6. 19. 대통령령 18429호) 제2조에 의하면 인정도서

란 국정도서와 검정도서가 없는 경우 또는 이를 사용하기 곤란하거나 보충할 필요가 있는 경우에 사용하기 위하여 교육인적자원부 장관의 인정을 받은 교과서를 말한다.

15 한국교육과정평가원의 검증을 거치면 교육인적자원부 장관의 검증을 받은 것으로 간주된다.

16 각 시 · 도교육청이 인정도서로 인정을 하면 교육인적자원부 장관은 지역별 인정도서를 교육인적자원부 홈페이지에 공표하고, 이로써 교육인적자원부 장관의 인정을 받은 것으로 간주한다.

17 7차 교육과정의 중학교 사회교과서 및 고등학교 경제교과서는 제6차 교육과정까지의 교과서에 비하면 그림, 표, 삽화 등이 많이 들어가 있어 상대적으로 본문이 많이 줄어들었다. 그럼에도 불구하고 미국의 경제교과서에 비하면 아직도 설명 중심의 본문이 크나큰 비중을 차지하고 있다.

18 전경련의 경제교과서는 '근로자'가 "기업을 소유하거나 다른 사람을 위해 일하고, 재화와 서비스를 생산하며, 정신적 또는 육체적 노동을 수행한다"(8쪽)고 정의하고 있다.

19 전경련의 경제교과서는 '생산자'가 "생산과정에 참여한 모든 사람들뿐만 아니라 생산관리자나 경영자 등을 포함한다"(35쪽)고 정의하고 있다.

20 이 점에 대해서는 뒤에서 자세하게 검토하게 될 것이다.

21 앞에서 지적한 '교과용 도서에 관한 규정' 제2조에 의하면 '교과용 도서'란 '교과서'와 '지도서'를 말한다.

22 전경련의 경제교과서는 정부의 기능에 관해 "중앙정부나 지방정부 모두 시민들에게 공공재와 공공서비스를 공급한다"(54쪽)고 단 한 차례만 언급하고 있을 뿐이다.

23 우리나라에서는 정부 부처로 '노동부'가 있는데 법률 명칭으로는 예컨대 '노동조합 및 노동관계 조정법'(일부개정 2006. 1. 2. 법률 제7845호), '노동위원회법'(일부개정 2005. 12. 29. 법률 제7796호), '근로기준법'(일부개정 2005. 5. 31. 법률 제7566호) 등과 같이 '노동'과 '근로'라는 개념을 혼용해 사용하고 있다. 하지만 법률의 구체적인 조항에서는 일반인들이 많이 사용하고 있는 '노동자'라는 개념이 사용되지 않고 '근로자'라는 개념이 주로 사용되고 있으며, '근로자'에 대응하는 개념으로는 '자본가'가 아닌 '사용자'라는 개념이 사용되고 있다. 참고로 '근로자'란 직업의 종류를 불문하고 사업 또는 사업장에 임금을 목적으로 '근로'를 제공하는 자를 말하고(근로기준법 제14조, 노동조합 및 노동관계 조정법 제2조), '근로'라 함은 정신노동과 육체노동을 말한다(근로기준법 제16조). 그리고 '사용자'란 사업주, 사업경영 담당자 또는 그 사업의 근로자에 관한 사항에 관하여 사업주를 위해 행동하는 자를 말한다(근로기준법 제15조, 노동조합 및 노동관계 조정법 제2조).

24 노무과장과 같은 '생산관리자'는 현실적으로 근로자적인 측면과 사용자적인 측면을 동시에 가지고 있지만, 법리상 '사업주를 위하여 행동하는 자'이기 때문에 '사용자'로 규정된다.

25 이에 관한 자세한 내용은 한스 피터 마르틴, 하랄드 슈만 지음 / 강수돌 옮김(1997), 《세계화의 덫: 민주주의와 삶의 질에 대한 공격》, 영림카디널을 참조하기 바란다.

26 최근에 프랑스 정부가 실업률을 낮춘다는 미명 하에 '최초고용계약(CPE) 법안'을 만들어서 노동시장의 유연화를 통해 기업의 이익을 극대화시키려고 했으나 노동자들이 "우리가 일회용 크리넥스냐?"라고 외치면서 한 달이 넘도록 저항하고 미래의 노동자인 대학생들도 반대하고 나섬에 따라 이 법안 자체를 포기한 사실을 상기할 필요가 있다.

27 이것은 '교사용 지도서'에 과별로 제시된 '수업 차시'를 모두 합산한 것이다.

28 전경련은 경제교과서를 출간하기 이전인 2006년 1월 23일부터 26일까지 나흘 동안 중학교 사회 과목 담당교사 및 경제교육교사연구회 회원 120명(3개 반, 반별 40명)을 대상으로 '제1차 중등교사 경제교육 교습법 연수―미 경제교육협의회(NCEE) 체험식 경제교육 프로그램―'을 실시한

바 있다.

29 이에 관한 보다 자세한 내용에 대해서는 최종민, 앞의 논문을 참조하기 바란다.

30 전경련의 경제교과서가 출판되기 이전에 교육인적자원부의 검증을 거쳐 일선 고등학교에서 사용하고 있는 대한교과서(주)의 《고등학교 경제》(2003) 교과서도 이런 표현을 쓰고 있다(63, 65, 67쪽).

31 후쿠야마는 이 논문을 바탕으로 1992년에 《역사의 종언과 최후의 인간(The End of History and the Last Man)》이라는 책을 출간했다. 이 논문과 책에서 후쿠야마는 헤겔의 역사변증법에 의거해 정치 · 경제적 영역에서의 역사는 자유민주주의(자본주의)라는 단선적 진화로 끝났다고 주장했다.

32 '환율전쟁'은 기본적으로 '달러화의 약세 장기화→유로화와 엔화의 평가절상→원화 및 위안화 등 동아시아 국가 통화에 대한 평가절상 압력'이라는 기제(mechanism)를 통해 이루어진다.

33 2001년 미국의 '엔론 사태'는 투기적인 다국적 금융자본이 지닌 위험성을 적나라하게 노출시켰고, 그런 위험성을 은폐하기 위한 '분식회계'가 미국과 유럽의 다국적 자본 대부분의 오랜 관행이었다는 사실을 새삼 깨닫게 해주었다.

34 예컨대 1980년대부터 시작된 멕시코 경제의 주기적인 거품성장과 붕괴, 일본에서 1980년대 중반부터 일어났다가 1990년대 초반에 꺼진 거품경제, 1997년에 우리나라를 비롯한 동아시아에서 발생한 외환위기와 1998년에 이어진 러시아 및 브라질의 금융위기, 미국에서 1990년대 중반에 진행된 거품성장(주로 주식시장)과 2002년의 거품 붕괴, 2002년의 아르헨티나 경제위기, 최근 중국의 거품성장 및 경제과열(부동산, 철강, 시멘트 등 건설 관련 산업에 대한 과잉투자) 등을 들 수 있다.

35 Martin Hart-Landsberg(April 2006), 'Neoliberalism: Myths and Reality', *Monthly Review*, Volume 57, Number 11. 〈프레시안〉은 이 글을 우리말로 번역하여 '무역자유화의 이득? 근거가 불투명하다'라는 제목으로 게재했다(2006. 4. 10).

참고문헌

교육부(1997), '사회과 교육과정', 교육부 고시 제1997-15호(별책 7)

교육부(1996), 《고등학교 경제》, 대한교과서(주)

교육인적자원부 보도자료(2006. 2. 15), '교육부 · 전경련, 함께 경제교과서 질 높이고 경제교사 현
　　　장연수 확대하기로'

권남훈(2005. 12. 22), '초 · 중 · 고등학교 경제교육의 문제점과 개선방안', 한국선진화포럼 제3차
　　　월례발표회

김경모(2004), '사회적 역할과 연계한 학교 경제교육의 내용 선정과 조직 방안', 〈경제학연구〉 제52
　　　집 제4호, 한국경제학회

김승욱(2005. 4. 17), '중 · 고등학교 교과서에 나타난 경제이론 교육의 문제점', 《중 · 고등학교 경
　　　제 관련 교과서, 이대로 좋은가?》, 교과서포럼 제2차 심포지엄 자료집

김주환 외 9인(2003), 《중학교 사회 3》, (주)중앙교육진흥연구소

김준원(2001), 《포인트 경제학》, 삼성경제연구소

김진영 외 4인(2003), 《고등학교 경제》, 대한교과서(주)

법제처 종합법령정보센터, 노동조합 및 노동관계 조정법(일부개정 2006. 1. 2. 법률 제7845호)

법제처 종합법령정보센터, 노동위원회법(일부개정 2005. 12. 29. 법률 제7796호)

법제처 종합법령정보센터, 근로기준법(일부개정 2005. 5. 31. 법률 제7566호)

법제처 종합법령정보센터, 교과용 도서에 관한 규정(일부개정 2004. 6. 19. 대통령령 18429호)

오영수(2003), 《고등학교 경제》, (주)교학사

이매뉴얼 월러스틴 지음/강문구 옮김(1998), 《자유주의 이후?》, 당대

이영훈(2005. 4. 17), '중 · 고등학교 사회과 교과서에 그려진 한국경제의 모습', 《중 · 고등학교 경
　　　제 관련 교과서, 이대로 좋은가?》, 교과서포럼 제2차 심포지엄 자료집

재정경제부 보도자료(2005. 10. 13), '초 · 중 · 고 경제 관련 교과서 개선작업 추진'

전국경제인연합회 편(2006), 《즐겁게 배우는 체험경제-중학교-》, (주)교학사

전국경제인연합회(2006), 《체험식 경제교육 교사용 지도서》

진숙자(2002), 《사회과 교육의 통합적 구성과 교수-학습 설계》, 교육과학사

최종민(2003. 12), '국립 사범대학 경제학 교육과정의 편성 및 운영 실태와 개선방향', 〈경제교육연
　　　구〉 제10집 2호, 한국경제교육학회, 2003. 12

KDI 경제정보센터(2005. 10. 14), 《초 · 중 · 고등학교 사회과 교과서 경제단원 내용검토(국민공통
　　　기본교과)》

KDI 경제정보센터(2005. 10. 14), 《고등학교 경제분야 교과서 내용검토(선택과목)》

프랜시스 후쿠야마 지음/한국경제신문 국제부 옮김(2001), 《대붕괴 신질서》, 한국경제신문

프랜시스 후쿠야마 지음/함종빈 옮김(1989), 《역사의 종언》, 헌정회

한국경제학회 경제학교육위원회(2006. 1. 9), '새로운 경제교육의 방향 모색을 위하여-학교 경제
　　　교육과 청소년 경제교육 프로그램', 2005년도 제1차 심포지엄 자료집

한국경제학회 경제학교육위원회(2004. 11. 17), '새로운 경제교육의 방향 모색을 위하여-학교 경
　　　제교육과 언론 모니터링', 2004년도 제1차 심포지엄 자료집

한국경제학회 경제학교육위원회(2003. 11. 28), '경제교육과 한국인의 경제현상 인식', 2003년도

제1차 심포지엄 자료집

한국은행(2005), 《알기 쉬운 경제이야기》(초등학생 편, 중학생 편, 고등학생 편, 일반인 편), 알경

한스 피터 마르틴, 하랄드 슈만 지음/강수돌 옮김(1997), 《세계화의 덫-민주주의와 삶의 질에 대한 공격》, 영림카디널

한진수(2002), '한국의 초등교사는 경제지식을 충분히 가지고 있는가?', 〈교육논총〉 19집, 인천교육대학교

함수곤(2000), 《교육과정과 교과서》, 대한교과서(주)

Martin Hart-Lansberg(April 2006), 'Neoliberalism: Myths and Reality', *Monthly Review*, Volume 57-Number 11 (〈프레시안〉, '무역자유화의 이득? 근거가 불투명하다', 2006. 4. 10)

찾아보기

경제교과서 살리기
– 경제교육과 경제교과서, 무엇이 진짜 문제인가

지은이 | 장상환, 정성진, 홍훈, 안현효, 류동민, 최종민(한국사회경제학회)

1판 1쇄 펴낸날 | 2006년 12월 20일

펴낸이 | 이주명
편집 | 문나영, 이성원
표지 | 씨디자인
출력 | 문형사
종이 | 화인페이퍼
인쇄 · 제본 | 한영문화사

펴낸곳 | 필맥
출판등록 제2003-63호
주소 | 서울시 서대문구 충정로2가 184-4 경기빌딩 606호
이메일 | philmac@philmac.co.kr
홈페이지 | www.philmac.co.kr
전화 | 02-392-4491
팩스 | 02-392-4492

ISBN 89-91071-35-X (03320)

* 잘못된 책은 바꾸어 드립니다.
* 값은 뒤표지에 있습니다.